新 潮 文 庫

一晩置いたカレーは なぜおいしいのか

食材と料理のサイエンス

稲 垣 栄 洋 著

新 潮 社 版

11575

はじめに

余ったカレーを翌朝食べると、コクがあってなんとも言えずおいしくなっています。どうして、カレーは一晩置くと、おいしさが増すのでしょうか？

これには、カレーライスのある具材が関係しています。その具材とは、いったい何なのでしょうか？

カレーライスについては、ほかにも気になることがあります。

カレーライスは、食べると辛いのに、子どもからお年寄りまでみんなに大人気です。カレーライスは、どこか病みつきになる魅力を持った食べ物です。その理由はいったいどこにあるのでしょうか。これも、カレーライスに入っている具材が関係しています。

このように、カレーライスには、なんとも不思議な秘密が詰まっています。

その秘密を明らかにするヒントは、料理に用いられる食材が、生きていたときの姿に思いを馳せることで見えてきます。私たちが食べる肉や魚は、動物として生命活動を行ってきたものですし、野菜や果物は植物として生きてきました。料理に活用される食材には、優れた特徴があります。そして、食材に含まれるさまざまな栄養成分は、動物や植物が生きていたときに使われていたものです。たとえば、ジャガイモが持っている豊富なデンプンは、芽を出して成長するためのエネルギーですし、肉のタンパク質は、家畜が筋肉として活用していたものです。

納豆はどうしてネバネバするのか？
タマネギを炒(いた)めると甘くなるのはなぜなのか？
子どもたちはどうしてピーマンが嫌いなのか？
ヤマイモはどうして消化が良いのか？

本書では、カレーライスをはじめとして、お好み焼きやそば、フルーツパフェなど身近なメニューに隠された謎(なぞ)を、食材の生きていたときの姿から解き明かしていきます。いったいどんな秘密が隠されているでしょうか。
それでは、さまざまな料理に隠された秘密を、どうぞおいしくご賞味ください。

一晩置いたカレーはなぜおいしいのか

目次

一晩置いたカレーはなぜおいしいのか

本文イラスト

大久保友博（島津デザイン事務所）

(p17、34、40、76)

入倉瞳

(p35、39、63、80、97、101、117、149、152、159、160、202)

どうして野菜を食べないといけないのか

野菜サラダの科学

どうしてレタスを包丁で切ってはいけないのか

ハネムーンの真実

レタスを手でちぎっただけのサラダが、「ハネムーンサラダ」と呼ばれるのをご存じでしょうか。

細かな千切りキャベツが手際（てぎわ）の良いベテラン主婦を連想させるのに対して、レタスをただちぎっただけのサラダは、いかにも料理に不慣れな新妻を思わせますが、ハネムーンサラダの名前の由来はそうではないようです。

じつは、「Lettuce only（レタスのみ）」という英語の発音は、「Let us only（私たちだけにして）」と聞こえます。そのため、レタスのみのサラダはハネムーンサラダと呼ばれているのです。

もっとも、どんなに包丁さばきに自信があっても、キャベツを千切りするように包丁でレタスを切ってはいけません。包丁で切ってしまうと、レタスの細胞が壊され、中に含まれていた有機化合物の一種、フェノール物質が流出します。そして、包丁の鉄と反応し、さらに酸素とくっついて褐色の物質に変化してしまいます。すると、切ったレタスが褐変してしまうのです。

一方、包丁で切る代わりに手でちぎれば、細胞と細胞の間ではがされるため細胞は壊されず、中のフェノール物質も出てきません。だから、みずみずしい色あいが維持されます。

レタスを包丁で切らずに、手でちぎるのには、ちゃんと理由があったのです。

レタスは乳の草？

そういえば、買ってきたレタスの根元の切り口の部分を見ると、茶色くなっています。これは、収穫するときに切り取られたことで、フェノール物質が出てきてしまったためです。

褐変した切り口の部分を包丁で少し切ってみると、断面から白い乳のような液がにじみ出てきます。この白い液に含まれるのが、褐変のもとになるラクチュコピクリンというフェノール物質です。

レタスの白い液はどんな味がするのでしょうか？　試しに舐(な)めてみると、苦い味がします。レタスはこの苦味物質で虫に食べられないように身を守っているのです。ラクチュコピクリンは、人間に対しては睡眠促進効果があることが知られています。眠れない夜は、レタスを入れた温かなスープを飲むのもよいかもしれません。

レタスのことを「チシャ」ともいいますが、これは、その昔、白い液が出るために「乳草(ちちくさ)」と呼ばれていたのが「ちさ」と略されるようになり、それが転じて「ちしゃ」と呼ばれるようになりました。さらには、レタスの属名は「Lactuca」といいますが、これももともとは「乳」に由来する言葉です。

レタスとキャベツは赤の他人

野に咲くタンポポやノゲシを摘むと、茎の断面からレタスとよく似た白い液が出てきます。そのため、タンポポやノゲシにも、レタスと同じように「乳草」の別名があります。

じつは、レタスはタンポポと同じキク科の植物です。

レタスは、キャベツと同じように葉が巻いている「結球野菜」で、よく似た形をしていますが、キャベツは科が異なるアブラナ科の野菜です。そのため、キャベツはと

キャベツの花

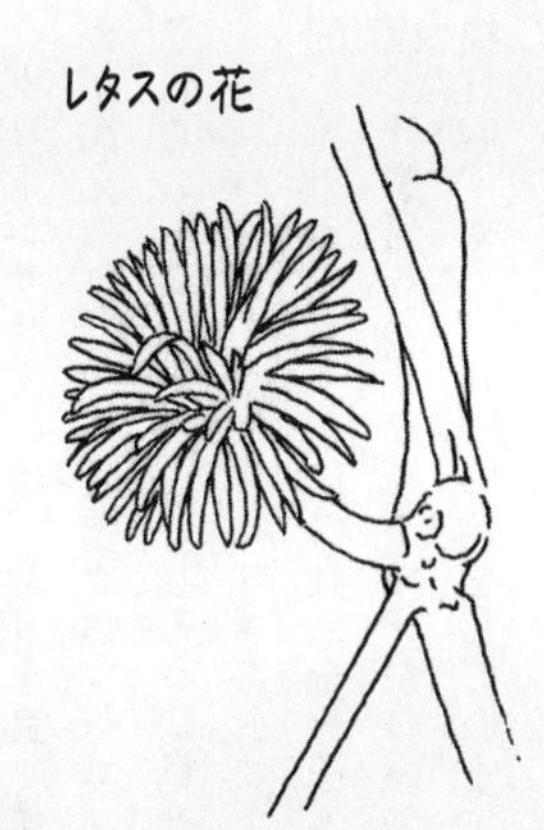

うが立つと、同じアブラナ科の菜の花によく似た花を咲かせます。一方、キク科のレタスは、小さなタンポポのような花をたくさん咲かせます。そして、花が終わるとタンポポと同じように綿毛を作って、種子を風に乗せて飛ばすのです。

　秋になると道端や野原に花を咲かせるアキノノゲシというキク科の雑草は、レタスにごく近縁の植物です。このアキノノゲシをもう少し小型にしたのがレタスの花だと思えば、レタスの花がイメージできるかもしれません。

　姿かたちのよく似たキャベツとレタスですが、じつは植物としては似ても似つかないまったく別の種類だったのです。

サラダを彩(いろど)る赤い野菜の秘密

野菜サラダには、トマトがよく入っています。緑色だけのサラダに比べて、赤いトマトが彩りを添えると、急においしそうに見えてくるから不思議です。

じつは、これは印象だけの話ではありません。実際に、人間は赤色を見ると、副交感神経が刺激されて食欲がわき、胃腸のはたらきが活発になることが知られています。

グリーンサラダには、彩りを良くするために、トマト以外にもミニトマトやパプリカが添えられたり、紫キャベツやニンジンの千切りが入れられることが多いですが、これらの野菜には、おいしそうに見せて食欲を刺激する効果もあるのです。

食欲をそそる赤いサイン

ハンバーガーや牛丼(ぎゅうどん)のファストフード店、中華料理店などが、看板に巧妙に赤色を配しているのも、赤色に食欲をそそる効果があるからだといわれています。そういえば、仕事帰りのサラリーマンがついふらりと立ち寄ってしまうおでん屋や焼き鳥屋の提灯(ちょうちん)も、やっぱり赤い色をしています。

鳥と果実の約束

どうして私たちは、赤い色を見ると食欲をかき立てられるのでしょうか。

赤い色は、熟した果実の色です。

植物が果実をつけるのは、鳥などに食べてもらうためです。鳥は熟した果実と一緒に種子も食べてしまいます。こうして食べられた種子は、消化されることなく消化器官を通り抜け、糞(ふん)に混じって外に排出されます。排出されるまでの間に、鳥は飛び回ってあちこち移動するので、種子は遠くへばらまかれることになります。動けない植物は、こうして鳥の力を借りることで分布を広げているのです。

鳥がもっとも認識しやすい色は、赤色です。そのため、熟した果実を赤く染めて目立たせて、鳥に見つけられやすくしているのです。

一方、熟していない果実は、葉っぱと同じ緑色をしていて目立ちません。また、甘みはなく、むしろ苦みを持っています。これは、種子が未熟なうちに食べられては困るので、苦味物質を蓄えて果実を守っているからです。やがて種子が熟してくると、果実は苦味物質を消去し、糖分を蓄えて甘くおいしくなります。そして、果実の色を緑色から赤色に変えて、食べ頃になったということを伝えるサインを出すのです。

「緑色は食べないで」「赤色は食べてほしい」――これが、植物と鳥とが約束を交わした、果実の色のサインなのです。

果実を選んだ私たちの祖先

森の果実を食べていた私たちの先祖であるサルにとっても、果実の色は重要でした。赤色は、おいしい果実の色です。だから私たちも、赤色を見ると食欲をそそられるのです。止まれを意味する信号の色が赤色であるように、赤は人間にとっても、もっとも認識しやすい色です。これも、赤色が餌(えさ)の色であったからかもしれません。

じつは、私たち人間を含む類人猿以外の哺乳類(ほにゅうるい)は、赤色を認識することができません。恐竜がいた時代、哺乳類の祖先は小さなネズミのような存在で、恐竜の目を逃れて夜行性の生活を送っていました。そのため、赤色を識別する能力を失ってしまったのです。

ですから、犬や猫も色を見分けることができません。また、闘牛士は牛に向かって赤い布を振りますが、牛にも赤色は見えていません。牛は赤い色に興奮をするわけではなく、布の動きに興奮しているだけです。闘牛士の振る布が赤いのは、観客に見えやすくするためと、赤色を見た観客を興奮させるためなのです。

ところが、果実を餌としたサルは、突然変異で赤色を色覚する能力を取り戻しました。私たちが赤いトマトの添えられたサラダをおいしそうと感じるのは、人間の祖先であるサルが、赤色を識別する能力を取り戻してくれたおかげなのです。

あこがれの真っ赤な果実

トマトはアンデス山地を原産地とする野菜で、新大陸発見以降に、全世界に知られるようになりました。

ところが、ヨーロッパへ持ち込まれたトマトは、はじめのうちは有毒植物と考えられたため、食用にはされず、もっぱら観賞用植物として栽培されました。

どうして、「おいしさ」のサインを表す真っ赤なトマトが、有毒植物だと思われてしまったのでしょうか。

果実は赤く色づくといっても、トマトのように鮮やかな赤になるものは、じつはあまり多くありません。植物の果実が持つ代表的な色素には、赤紫色のアントシアニンと橙色（だいだいいろ）のカロチノイドがあります。ブドウやブルーベリーの紫色はアントシアニンによるものです。また、カキやミカンの橙色はカロチノイドです。さまざまな植物は、赤い果実を夢見ながら、赤紫色や橙色の色素を使って、少しでも赤色に近づけようとしているのです。

リンゴには真っ赤なイメージがありますが、よく見ると赤色というよりは赤紫色です。赤紫色のアントシアニンと橙色のカロチノイドの二つの色素をたくみに組み合わせながら、苦労を重ねて赤色をつくり出しているのです。

ところが、トマトはリコピンという真っ赤な色素を持っています。このリコピンによって実現されたあまりに鮮やかな赤色は、それまでヨーロッパの人たちが食用としてきた果実では、ほとんど見たことのない色でした。そのため、この世のものとは思えない鮮やかな赤色の果実を、人々は「毒々しい」と感じたのです。

紫キャベツのカラーマジック

サラダの彩りによく使われるのが、紫キャベツです。紫キャベツは鮮やかな赤紫色で、サラダを引き立てます。

しかし、不思議なことがあります。植物が緑色をしているのは、葉の中に光合成をするための葉緑素という緑色の色素を持っているためです。ところが、紫キャベツの葉は緑色ではありません。では、紫キャベツは光合成をしていないのでしょうか。

もちろん、赤く見える紫キャベツの葉にも、光合成をするための葉緑素はあります。ただし、赤紫色の色素が強すぎて、緑色が見えなくなっているのです。

紫キャベツの持つ赤紫の色素は、アントシアニンです。エタノールやお湯で抽出したアントシアニンは、リトマス試験紙のように酸性やアルカリ性に反応して色が変化し、酸性に反応すると鮮やかなピンク色から赤色になります。紫キャベツの色素は「赤キャベツ色素」という名でブドウジュースなどの着色料としても用いられています。清涼飲料水は酸性なので、紫キャベツの色素を入れることで、赤紫色に変化するのです。一方、アルカリ性が強くなっていくと、緑色から黄色へと変化していきます。

リトマス試験紙は、pHに応じて赤色か青色に変わるだけですが、紫キャベツの色素は、赤色、ピンク色、紫色、緑色、黄色など、さまざまな色に変化します。アルカリイオン飲料は本当にアルカリ性でしょうか？　卵の白身は酸性とアルカリ性のどちらでしょうか？　身の回りのもののpHを、紫キャベツを使って調べてみると面白いでしょう。

美容効果は誰のため？

紫キャベツの色素であるアントシアニンは、もともとは植物の体を守るための物質ですが、抗酸化作用があり、老化の防止や生活習慣病の抑制など、人間の健康にも良い物質であることが知られています。

それにしても、どうして植物が人間の老化を防ぐような物質を持っているのでしょうか。

植物は日々、病原菌からの攻撃を受けています。そのとき、植物が防衛のために作り出すのが活性酸素です。私たちの生存に欠かせない酸素ですが、じつは酸素はあらゆるものを錆つかせてしまう特徴があり、生物の体に対しても毒性を持っています。この酸素を、化学反応が起きやすいように変化させて毒性を高めたものが活性酸素です。植物はこの活性酸素で病原菌を攻撃して、身を守っています。また、活性酸素は直接、病原菌を攻撃するほかにも、植物の体の中でさまざまな防御反応を引き起こすための信号としてもはたらいています。

ところが、活性酸素は植物自身にとっても有毒なので、病原菌を撃退した後は、植物自身の健康のために速やかに除去しなければなりません。抗酸化作用を持つアントシアニンには、この活性酸素を除去する役割があるのです。

活性酸素は、私たち人間の体にとっても老化などの原因となっていますが、植物に含まれているアントシアニンは、私たちの体内の活性酸素も取り除いてくれるのです。

アントシアニンのほかにも、植物はさまざまな抗酸化物質を持っています。動いて逃げることのできない植物は、病原菌の攻撃や紫外線など、さまざまなものから身を守らなければなりません。そんなときも活性酸素が活用されます。活性酸素は、植物の生存にとって不可欠なものなのです。だから、植物は活性酸素を発生させる能力を高め、それと同時に、抗酸化物質を使って活性酸素を除去する力を発達させていきました。

野菜サラダが、美容や老化防止に効果があるのは、こうした植物の持つ抗酸化物質のはたらきによるものなのです。

人間はなぜ野菜を食べないといけないのか

「ちゃんと野菜を食べなさい！」

子どもたちの中には、野菜が嫌いな子が少なくありません。

「お肉ばかり食べていないで、ちゃんと野菜を食べなさい」

私たちは子どもの頃から、何度となくこう言われてきました。そして、おとなとなった今は、子どもたちにそう教えています。しかし考えてみれば、そもそもどうして野菜を食べなければならないのでしょうか。

私たちの生命活動に必要な栄養のうち、特に重要な三大栄養素といわれるのが、タンパク質、脂質、炭水化物の三つです。肉や魚などに含まれるタンパク質は、私たちの体を作る栄養分です。また、油脂類に含まれる脂質や、ごはんやパンなどに含まれる炭水化物は、私たちが活動するエネルギーを生み出す燃料となる栄養素です。

これに対して、野菜の栄養であるミネラルやビタミンの役割は「体の調子を整える」と説明されています。体を作るための材料と、体を動かすエネルギーは、生きていくためにいかにも不可欠な気がしますが、はたして「体の調子を整える」ためだけに、野菜を食べなければいけないものなのでしょうか。

体にとっての野菜のはたらき

私たちの体を自動車に例えてみましょう。筋肉など私たちの体を作るタンパク質は、車で言えば車体を構成するボディを作る役割です。また、エネルギーになる脂質や炭水化物は、車ではガソリンの役割を果たします。確かに、車体とガソリンさえあれば、自動車を走らせることはできます。

しかし、それだけでは十分と言えません。たとえば、エンジンが調子良く動くためには、潤滑油としてオイルが必要です。ハンドルやギヤをスムーズに動かすためにも、オイルが使われます。さらにオイルには、ブレーキを作動させる役割もあります。オイルが足りなくなったり、古くなったりすると自動車を正常に走らせることはできません。また、オイルの働きを保つには、オイルの汚れを取り除くオイルエレメント（フィルター）も必要になります。

このように、車体とガソリンだけあれば走りそうな自動車も、正常に動かすためにはオイルやオイルエレメントのような、調子を整えるためのものが欠かせないのです。

野菜のはたらきも同じです。野菜自体は、私たちの体を作ったり、活動のエネルギーとなったりするものではありません。しかし野菜は、正常に生命活動を行ううえで重要な物質を含んでいます。私たちが野菜不足になると、体調を崩したり、精神的に不安定になってしまうのは、ちょうどオイルやオイルエレメントが足りなくなったり劣化したりして、自動車が正常に動かなくなるのと同じなのです。

偏食家の動物たち

しかし、肉だけ食べている動物もいます。

たとえば、ライオンは大好きな肉ばかり食べています。アリクイはアリしか食べません。自然界を見渡せば、野菜嫌いどころか、極端な偏食家がたくさんいます。どうして人間ばかりが、こんなにも栄養バランスに気を配らなければならないのでしょうか。

そもそも人間も、もとを正せばサルだったはずです。だとすれば、サルのように果物だけを食べていればよいのではないでしょうか。

人類の進化の歴史は、夜行性の原始的なサルにさかのぼります。この原始的なサルは、昆虫を餌としていました。生きている昆虫には、必須(ひっす)アミノ酸やミネラル、ビタミンなど生命活動に必要な栄養分がすべて含まれています。この昆虫を丸ごと食べれば、必要な栄養分をバランス良く摂取することができるのです。

やがて原始的なサルは、果実を餌とするサルへと進化を遂げます。

しかし果実食だけでは栄養に偏(かたよ)りが出ます。だから、その後も昆虫を食べる食生活は続きました。現代でも、オランウータンやチンパンジーなどは、果実を中心にしつつも、昆虫もよく食べています。森の類人猿でさえ、栄養のバランスをとることを心掛けているのです。

生命活動を行ううえで、あらゆる栄養素を摂取しなければいけないのは、他の動物も同じです。肉ばかり食べているように見えるライオンも、獲物をとれば、肉だけでなく、生血や骨、内臓などさまざまな部位を食べています。こうして、ミネラルやビタミンなどさまざまな栄養素を摂取しているのです。昆虫食がそうであったように、草食動物を丸ごと食べることができれば、草食動物が生命活動に利用していた栄養分をそのまま得ることができます。

このように、一見すると偏食に思える野生動物も、さまざまな工夫で栄養のバランスをとっているのです。

人間の背負った宿命とは？

昆虫食から果実食への進化は、私たちの体に大きな変化をもたらしました。

じつは、多くの動物は、ビタミンCを自らの体内で合成する能力を持っています。ところが、果実からは豊富すぎるほどのビタミンCが摂取できたため、果実食のサルは、ビタミンCを作る能力を失いました。

そのため、果実食のサルの子孫である人類も、野菜や果実などの食べ物からビタミンCを摂取しなければ生きていけない宿命を背負ってしまったのです。

やがて文明を築き、豊かな食生活を実現した人類。しかし、文明を手にしたのと引き換えに、バランスのとれた食生活を組み立てなければならなくなりました。そして人類は、穀物や肉、魚類に加えて、副食として野菜を組み合わせた食文化を作り上げていったのです。

どうして人間に食物繊維が必要なのか

栄養にならない野菜のはたらき

野菜には、人間の体の調子を整えるためのさまざまなミネラルや、ビタミンCなどが含まれています。しかし野菜を食べるのは、これらの栄養分を摂取するためだけではありません。植物の細胞壁には、食物繊維が含まれています。食物繊維は消化されないので栄養にはなりませんが、私たちの健康にとって重要なはたらきをしています。

人類の祖先は果実や草の実など植物食の生物として進化し、消化の悪い植物を腸内細菌によって分解して栄養分を吸収するために、腸を長く発達させてきました。しかし、長い腸には問題もあります。腸が長くなったため、食べ物に含まれる毒性の物質が、腸内に残りやすくなってしまったのです。たとえば、肉類に含まれる動物性のタンパク質や脂肪酸は、発酵するとアンモニアや硫化水素など毒性物質を発生させます。肉類は消化されやすく便の量が少なくなるため、これらの毒性物質は排便されず、腸内に留(とど)まりやすくなります。一方、植物の繊維は消化されず、水分も保たれやすいため、腸内をスムーズに通過し、体内に残ることなくしっかりと排便されます。だから肉と一緒に野菜を食べれば、有毒物質の排出が助けられ、腸内はきれいな状態に保たれるのです。

食物繊維の役割はほかにもあります。よく知られているように、腸内細菌は、人間の健康を保つ「善玉菌」と、体に有害な「悪玉菌」とに分けられます。腸の中では、善玉菌と悪玉菌が、常に勢力争いをしており、どちらが優勢かで、人間の健康も左右されます。

そして、人体にとって重要な善玉菌の餌となっているのが、食物繊維です。食物繊維がなくなると、食べ物がなくなった善玉菌に代わり、悪玉菌が増殖し始めます。つまり、私たちの体内にすむ腸内細菌のバランスを正常に維持するためにも、どうしても植物の繊維が必要となるのです。

肉食動物になれなかった人類

はるか昔、道具を使うことを覚えた人類は、武器を使って獲物をとる狩猟生活を送っていました。それなのに、どうして私たちの祖先は肉食動物としての道を歩まなかったのでしょうか。ライオンがそうしているように、獲物のすべての部位を残さず食べれば栄養のバランスはとれたのではないでしょうか。しかし、私たちの祖先は、肉だけでなく植物の実や根も同じように食べていたと考えられます。なぜなら、もともと植物食の人類は、肉食動物としての特性を備えていなかったからです。肉を分解するためには、胃酸が多く含まれる消化能力の高い胃液が必要です。しかし、人類の胃酸の濃度は、肉食動物のわずか二〇分の一にすぎません。また、前述のように肉類の動物性タンパク質や脂肪酸が腸内で発酵すると、アンモニアや硫化水素などの有毒な物質が発生します。そのため、肉食動物は食べ物を腸内に長くとどめないように、腸を短くしました。人類の腸が体長の一二倍もの長さであるのに対して、肉食動物の腸は体長の約三〜四倍しかありません。

肉だけ食べて生きていくには、特別な体の仕組みが必要だったのです。

イモ由来のおならは臭くない？

食物繊維をとると、おならが出やすくなります。これは腸の中の善玉菌がデンプンや繊維質を分解して、メタンガスや炭酸ガスを発生させるためです。

特にイモ類を食べるとおならが出やすいのは、イモ類のデンプンは胃では消化されにくく、腸で善玉菌によって分解されるためです。そして、おならのにおいには、腸内細菌と食べ物の種類が大きく関係しています。

「悪玉」呼ばわりされている悪玉菌ですが、実際には肉類を分解するはたらきをしています。悪玉菌が、肉類の動物性のタンパク質や脂肪酸を分解するさいに発生させるアンモニアや硫化水素は、有毒物質であると同時に悪臭物質でもあります。これが、おならの臭いにおいなのです。肉ばかり食べて野菜を食べないと、腸内では悪玉菌ばかりが増え、おならはどんどん臭くなってしまいます。だから、食物繊維を含む野菜を食べ、腸内細菌のバランスを保ち、善玉菌を維持していく必要があるのです。

ちなみに、野菜や穀物に含まれるデンプンや食物繊維は、善玉菌によって炭酸ガスへと分解されます。だから、野菜を食べたあとに出るおならは、においません。もっとも、野菜に由来するおならは、ガスが多いので大きな音がしてしまいますが、それはご愛敬でしょう。

葉菜類がどれもよく似た形をしている理由

ロゼットになり冬越しする

ホウレンソウやコマツナ、チンゲンサイなどの菜っ葉類を見てみると、どれも茎が

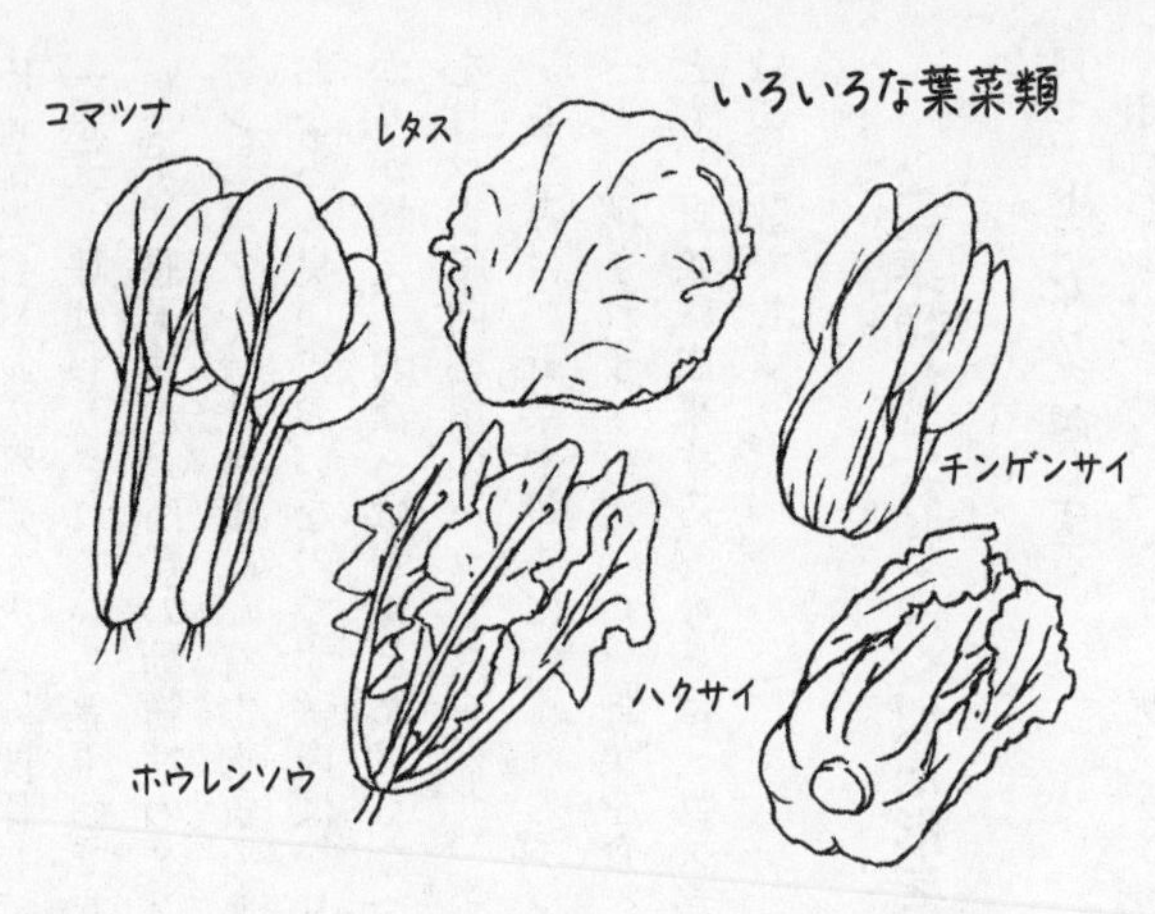

ほとんどなく、根元から複数の葉が重なったよく似た姿をしています。根元から伸びる軸の部分は茎だと勘違いされがちですが、この部分は葉柄（ようへい）という葉の一部です。

キャベツやレタス、ハクサイなどの結球野菜も、半分に切って断面を見てみると、やはり根元から葉が重なって出ています。

菜っ葉類や結球野菜など、葉を食べる野菜を「葉菜類」といいます。どうして葉菜類は、どれもよく似た姿をしているのでしょうか。

じつは、これは植物の冬越しに適したスタイルなのです。野原のタンポポやナズナも冬の間は同じような姿をしています。

根元から茎を伸ばさずに何枚もの葉を広げたこの形は、上から見るとバラ（ローズ）の花飾りのように見えるので「ロゼット」と呼

ロゼットになっている越冬中のタンポポ

ばれています。ロゼットは、葉が放射状に広がっているので、すべての葉が太陽の光をまんべんなく浴びることができます。さらに、葉を地面に広げているので、吹き付ける厳しい寒風を避けることもできるのです。

冬越しの野菜がおいしい理由

このスタイルは冬を越すのに機能的な形なので、多くの植物が採用しています。まったく種類の違う植物なのに、進化の結果、よく似たロゼットという形にたどりついたのです。

キャベツやレタス、ハクサイなどの野菜は葉が結球していますが、外側の葉は、菜っ葉類と同じように広がっています。これら結球野菜は、内側の葉が丸まって玉になるように改良されたのです。

葉菜類は、もともと冬越しする植物でしたから、野菜としての旬は冬から春です。寒い時期の鍋物には、ハクサイやミズナなど葉菜類が欠かせませんね。現在では、品種改良や栽培技術が進み、葉菜類は一年中出荷されるようになりましたが、冬から春に育てられたもののほうが、植物の生育としては適しているのです。

また、冬に育った葉菜類は甘みがあり、栄養価も高いことが知られています。植物は寒さに当たると、葉っぱの中の水分が凍りつかないように、糖分や栄養分を葉にため込みます。そのため、寒さを経験した葉菜類は甘く、しかも栄養分が豊富になっているのです。

根菜類の冬越しのスタイルは？

ロゼットは冬越しに適した形であると紹介しましたが、じつは冬越しに一番適しているのは、種子や球根の状態で土の中で過ごすことです。土の中は暖かく、霜で枯れてしまうこともありません。それなのに、どうして葉菜類は、寒い冬の間も土の上に葉っぱを広げているのでしょうか。

ロゼットの植物は、冬の間も光合成を続け、作った栄養分をせっせとためこんでいきます。そして春になって地中にある他の植物の種子が芽を出す頃には、ロゼットの植物は、冬の間にためた栄養分で茎を伸ばし始めます。こうして、他の植物に先駆けて成長を遂げ、優位に花を咲かせることができるのです。

冬の間に栄養分をためるために、ロゼットの植物が「根っこ」を太らせることもあります。私たちが食べているダイコンやニンジン、ゴボウはまさにこの状態です。これら根菜類も、葉菜類と同じように茎が短く、葉が重なったロゼットの形をしています。根菜類も、葉菜類と同じように冬越しするための姿だったのです。

春になれば、葉菜類は……

冬越し中のロゼットの植物はみなよく似た姿をしていますが、もともとは違う植物ですから、冬が過ぎて春になると、似ても似つかない花を咲かせます。

たとえば、コマツナやチンゲンサイはアブラナ科の植物なので、菜の花のような花を咲かせます。一方、キク科の植物であるレタスやサラダ菜は、小さなタンポポのような花を咲かせます。

ホウレンソウはヒユ科の植物です。ホウレンソウには雄花（おばな）だけを咲かせる雄株（おかぶ）と、雌花（めばな）だけを咲かせる雌株（めかぶ）があります。もっとも、私たちが食べるホウレンソウは、まだ幼い状態なので、雄株か雌株かはわかりません。

収穫適期を過ぎて花茎が伸びてしまった葉菜類は、「とうが立った」と言って馬鹿にされますが、植物としてはとうが立ってからの時期が、花を咲かせて実を結ぶ、この世の春なのです。

緑色になったジャガイモを食べてはいけないのはなぜ?

ポテトサラダをおいしく作るコツ

サラダにもいろいろありますが、ジャガイモをつぶして作るポテトサラダは、もっとも人気のあるサラダの一つではないでしょうか。

ポテトサラダを作るには、いくつかコツがあります。

ジャガイモは七〇℃以下の温度でゆっくりと熱を加えると、デンプンを分解するアミラーゼという酵素がはたらいて、デンプンが糖に変化します。だから、ジャガイモは水からゆでると甘みが増すのです。

また、ジャガイモは皮をむいて小さく切ってからゆでると、切り口から糖分が流出してしまいます。そのため、皮をむかずに丸ごとゆでて、そのあとで皮をむいて小さく切るほうが、糖分がジャガイモの中に残り、甘くなります。

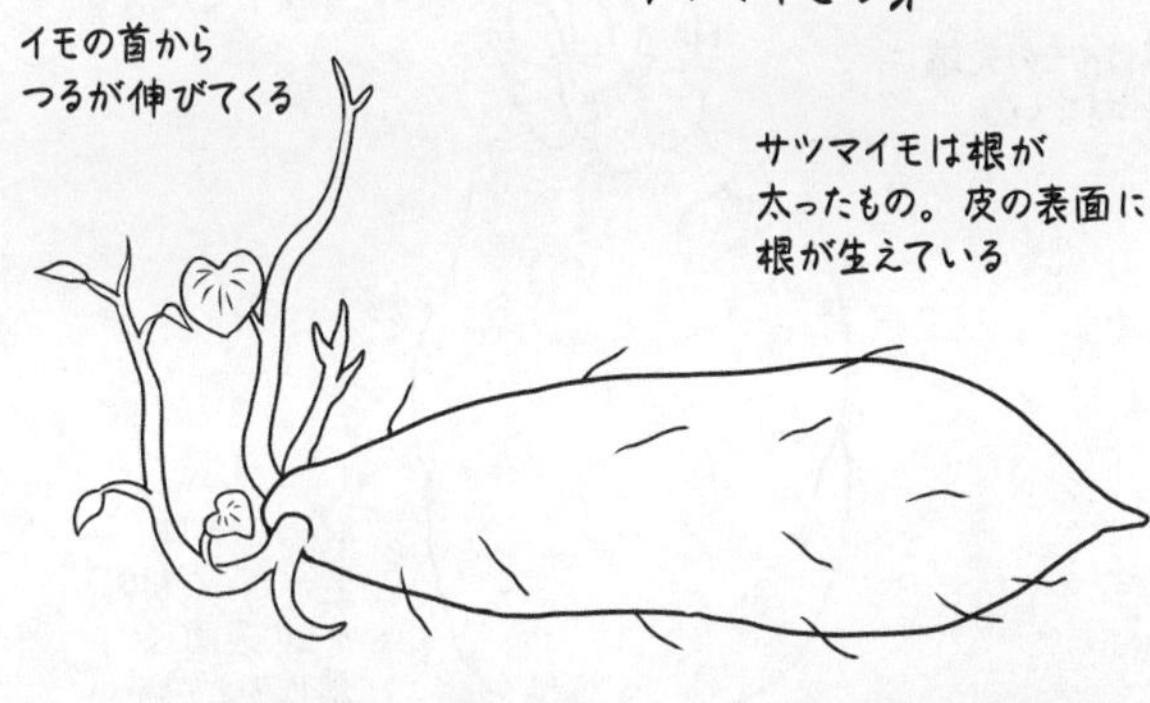

このときに、ゆでる前のジャガイモに、包丁で一周つながるように切れ目を入れておきます。そして、ゆであがったジャガイモを氷水に入れると、皮を簡単にむくことができます。加熱して体積を膨張させたあとに冷水に入れると、皮が縮んでジャガイモの中身と皮とが離れ、隙間（すきま）ができるからです。

ジャガイモのどこを食べている？

植物には、茎や根などに栄養分をためて肥大させ、イモを作るものがあります。

サツマイモのイモは、根が太ったものです。その証拠に、イモの表面には細い根が生えています。また、イモを水につけておくと、イモの下側（つるとつながっていたのとは反対側）から根が生えてきます。そして、芽（つる）は、つるとつながっ

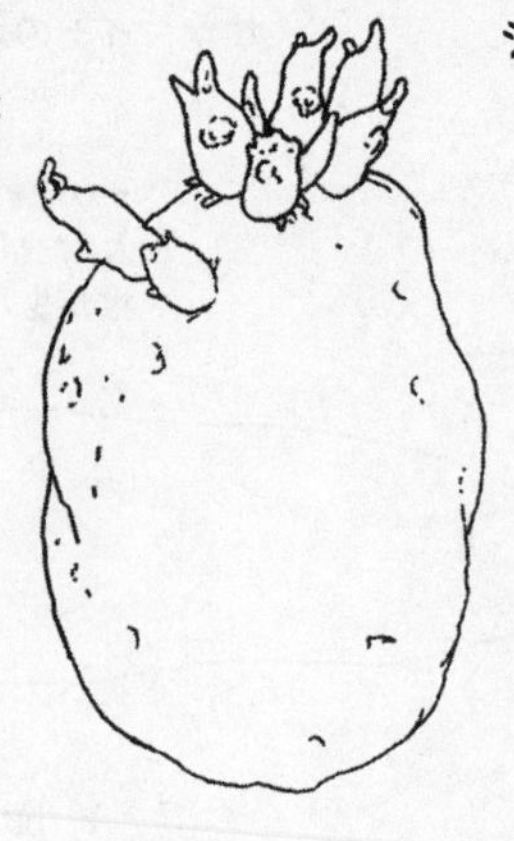

ていた首の部分から生えてきます。

それでは、ジャガイモはどうでしょうか。ジャガイモのイモは、茎が太ったものです。茎というと、地上でまっすぐに上に向かって伸び、そこから枝や葉が生えている部分をイメージする人が多いでしょう。そして、茎の先端では新しい芽が作られて、次々と枝や葉が生えてきます。

だから、地中にあるイモが茎だなんて、と首をかしげる人もいるかもしれません。その答えは、ジャガイモを食べずにしばらく置いておくとわかります。長期保存したジャガイモからは、芽が出てきます。このとき、イモのどの部分から芽が出ているか注目してください。かならず、ある部分から集中して芽が出ているはずです。この姿は、先端部からたくさんの芽が生えてくる茎としての特徴を示しています。また、芽が集中している箇所の反対側を見てみると、細い根のようなものがついていることがあります。これは、イモが親株とつながっていたストロンという茎です。

さらに、ジャガイモはサツマイモと異なり、イモの表面に根が生えていません。

ジャガイモの芽を食べてはいけない理由

ジャガイモは茎に当たる部分ですから、日の当たるところに置いておくと、イモの表面が緑色になってきてしまいます。芽の部分や、緑色になってしまったジャガイモは、食べることができません。これらの部分には、ソラニンという有毒物質が含まれているからです。ソラニンは、ジャガイモの学名にあるソラナム属に由来しています。

ソラニンはめまいや嘔吐(おうと)などの中毒症状を引き起こしますが、その致死量はわずか一五〇〜三〇〇ミリグラムといいますから、かなりの強さです。

ジャガイモが芽を出すのは、地面の下から地上に出るときです。そのため、大切な芽が害虫や動物に食べられないように、毒成分で身を守っているのです。

ジャガイモの護身術

もちろん、芽だけでなく、ジャガイモのイモもしっかりと身を守っています。

調理のときにジャガイモの皮をむいたり切ったりした後は、水につけます。こうしておかないと、ジャガイモの表面が褐変してしまいます。しかし、色が変わるのは、ジャガイモが傷(いた)んだり腐ったりしたからではありません。これはジャガイモの細胞に含まれるチロシンという物質が、空気に触れて酸化され、メラニンという物質に変化するためです。

ジャガイモのメラニンは、皮がむかれて表面にあらわになってしまった細胞を、有害な紫外線から守る役割を果たしています。そしてこのメラニンは、人間が日焼けしたときに肌でつくられる物質と同じです。人間の日焼けは、強い紫外線から細胞を守るため、皮膚でメラニン色素が作られて蓄積していくという防御反応ですが、切られたジャガイモでも同じことが起こっているのです。

しかし、メラニンの基となるチロシナーゼは水に溶けやすいため、ジャガイモを水につければチロシナーゼが流出して、メラニンの生成を防ぐことができるのです。

また、切ったジャガイモを放置しておくと、やがて切断面が乾いてかさかさになります。これはジャガイモの自然治癒力によって、表面にコルク層が形成されるためです。包丁で切られるのは、ジャガイモにとって大きなダメージです。この傷口を守るために、ジャガイモはコルク層を作り、水分の蒸発や病原菌の侵入を防ぐのです。ちなみにジャガイモを畑で育てるときには、種イモを切断してから植えつけますが、切ってすぐではなく、しばらく放置してコルク層を形成させてから植えたほうが、ジャガイモが病気にかかりにくく丈夫に育ちます。

ジャガイモの皮も身を守る

最後に、ジャガイモをむいた後に残る皮に目を向けてみましょう。ジャガイモの皮は、イモの中身を守る大切な役割を果たしています。皮にはさまざまな成分が含まれていますが、その一つがサポニンです。サポニンには界面活性作用があり、細胞膜を破壊します。このサポニンの力で、侵入しようとしてきた病原菌を攻撃して、大切なイモを守っているのです。

界面活性作用は、油汚れを包み込んで分散させる効果があります。いわゆる石鹸（せっけん）の作用です。

鍋の頑固な汚れや、油のついたガラスのコップは、水に浸してジャガイモの皮を入れてしばらく置いておくと、きれいになります。なんとジャガイモは、料理の後片付けでも活躍するのです。

＊

それぞれの生きるドラマを秘めたサラダの中の野菜たち。
そのたくましい生きる力を、おいしく「いただきます」。

一晩置いたカレーはなぜおいしいのか

カレーライスの科学

どうしてみんなカレーライスが好きなのか

カレーライスは現代のおふくろの味

カレーライスは人気のメニューです。カレーライスが嫌いという人はあまり聞いたことがありません。日本人なら誰でもカレーライスが大好きといっても過言ではないでしょう。

昔も今も、子どもたちの好きな料理の一番人気はカレーライスですし、キャンプのメニューとしても定番になっています。街のカレーショップには行列ができ、スーパーマーケットに行けば、たくさんの種類のカレールーが並べられています。家庭によって違うカレーライスの味は、まさに現代のおふくろの味です。今や、カレーライスは日本の国民食であると言っても、言い過ぎではありません。

しかし、カレーライスは伝統的な和食ではないのに、どうして多くの人に好まれるのでしょうか。しかも、カレーライスは辛いのが特徴です。あっさりとした繊細な味を好む日本人が、あんなに辛い食べものが大好きというのもなんだか不思議です。

どうして日本人は、みんなカレーライスが好きなのでしょうか？

じつは、カレーライスには、トウガラシの魔法がかけられているのです。

トウガラシの魔法の秘密

トウガラシの魔法の正体は、カプサイシンという辛味成分です。カプサイシンは、本来は動物の食害を防ぐための防御物質です。

辛いトウガラシを食べると汗が吹き出るし、唇は腫(は)れ上がります。ところが、こんなにつらい思いをしても、食べ終わると、また性懲(しょうこ)りもなく辛いものを食べたくなってしまいます。トウガラシの辛みは、一度食べると病みつきになる魔力を持っているのです。

トウガラシを食べると、舌がヒリヒリするほど辛い思いをします。ところが、そもそも人間の舌には、辛みを感じる味覚はありません。

じつは、カプサイシンは舌を強く刺激しているのです。そして、痛覚がそれを感じています。つまり、カプサイシンの辛さは「痛さ」だったのです。

もちろん、痛みを与えるカプサイシンを感知した人間の体は、カプサイシンを排除しようと反応します。まず、この有害な痛み物質を消化・分解しようと胃腸のはたらきが活発化します。トウガラシを食べると食欲が増進するのはそのためです。また、カプサイシンを解毒(げどく)しようと血行も良くなります。だから体中が熱くなり、汗をかくのです。

こうして、トウガラシの辛みに対抗しようとすることによって、人間の体が活性化されていきます。しかし、体にとっては痛みの原因物質を排除しようとしているにすぎません。それなのに、どうしてトウガラシの辛さは病みつきになってしまうのでしょうか。

そしてカレーライスのとりこになる

人間の体は、カプサイシンを無毒化し、排出しようとします。しかし、それだけではありません。じつは、カプサイシンによって体に異常をきたしたと感じた脳は、ついには鎮痛作用のあるエンドルフィンという神経伝達物質まで分泌(ぶんぴつ)してしまうのです。

脳内モルヒネとも呼ばれるエンドルフィンは、疲労や痛みをやわらげる役割を果たしています。その結果、私たちは陶酔感を覚え、忘れられない快楽を感じてしまうのです。

つまり、私たちがカレーライスを無性に食べたくなるのは、トウガラシに含まれたカプサイシンによってエンドルフィンが分泌され、脳が快感を覚えるからなのです。

また、カレーに使われるコショウの辛味成分であるピペリンも、トウガラシのカプサイシンとよく似た化学物質で、カプサイシンと同じ効果を持っています。かつて、コショウは金と同等の価値を持つと言われたほどの貴重品でした。コショウには、それだけ人々を夢中にさせる力があったのです。

インドのコショウを求めて、大西洋へと未曾有の航海に出たコロンブスは、インドにたどりつけなかった代わりに「新大陸」を発見し、トウガラシをヨーロッパへ持ち帰りました。トウガラシには、コショウのおよそ一〇〇倍の辛さがあります。人々はその魔力に魅了され、トウガラシが世界に広がっていったのです。

トウガラシが世界を変えた？

新大陸を原産地とするトウガラシが世界に紹介されたのは、コロンブスがトウガラシをヨーロッパに持ち込んで以降ですから、そんなに昔のことではありません。

ところが、トウガラシはあっという間に世界の食文化を一変させてしまいました。

カレーの本場であるインドでも、もともとはトウガラシではなく、コショウなどの香辛料を使ってカレーを作っていました。現在のように辛い料理ではなかったのです。ところが西洋からトウガラシが持ち込まれると、トウガラシがカレーのスパイスの主役に躍り出てしまいました。そして今では、トウガラシはカレーになくてはならないものとなっています。

インドのカレーだけではありません。タイ料理のグリーンカレーやトムヤムクンに代表されるように、東南アジアでは料理にトウガラシがふんだんに使われます。マーボー豆腐やエビチリのように、中華料理にも辛い味のものが少なくありません。お隣の国、韓国でよく食べられているキムチも、たっぷりのトウガラシで野菜を漬け込んで作られます。

アメリカ人が好んで使うタバスコも、トウガラシから作られる調味料ですし、イタリアではペペロンチーノのように乾燥させたトウガラシを使って味付けしています。今や世界の料理にとって、トウガラシはなくてはならないものとなっているのです。

トウガラシが赤い理由

激辛ブームの昨今、スナック菓子やラーメンなどの激辛商品のパッケージは、いかにも辛そうな赤色でデザインされています。この赤色はトウガラシの色です。

しかし、先に紹介したように、赤色は、本来は熟した果実の色です。植物は、甘い果実を鳥などに食べさせて、種子を遠くへ散布します。ところがトウガラシは、赤い色のイメージを「甘い色」から「激辛の色」へと一変させてしまったのです。

しかし、考えてみれば辛いトウガラシも植物の果実です。トウガラシの赤い色も「食べてもらいたい」サインなのでしょうか。

もちろん、トウガラシが赤くなるのも、動物に食べてもらうためです。ただしトウガラシは、食べてもらう相手をえり好みしているようなのです。

哺乳類(ほにゅう)は辛いトウガラシを食べることができません。しかし鳥類は、辛さを感じないため、トウガラシを平気で食べることができます。おそらくトウガラシは、種子を運んでもらうパートナーとして鳥を選んだのでしょう。鳥類は大空を飛び回るので移動する距離が長いですし、哺乳類に比べると消化管が短いので、種子が消化されずに無事に体内を通り抜けることができるという利点もあります。

自然の中に、人間などが食べると中毒を起こす有毒な果実があるのも、同じ理由です。これらの果実は、哺乳類や昆虫ではなく、鳥だけに果実を食べてもらうために毒成分を持っているのです。

また、真冬になると、小鳥たちがナンテンの真っ赤な果実をついばんでいる様子を見かけますが、じつはナンテンの実には、弱い毒成分が含まれています。だから鳥たちは、一度にたくさんの実を食べることはできません。もしかすると、トウガラシの辛味成分にも、一度にたくさん食べられないようにするという役割があるのかもしれません。

このように、トウガラシの辛みはもともと鳥以外の動物に食べられないようにするためのものでしたが、意外なことに辛いトウガラシを喜んで食べる人間という動物が出現しました。しかも人間は、せっせとトウガラシを食べては、鳥以上の距離を移動して、地球上のあらゆる国にトウガラシを広めていったのです。これは、トウガラシにとっては予期せぬ福音だったに違いありません。

かつてニンジンは紫色だった

熱いお風呂(ふろ)に入りすぎた

カレーライスの定番具材であるニンジンが赤い理由を説明する、こんな昔話があります。

昔、ニンジンとダイコンとゴボウがお風呂を沸かして入ることになりました。最初に入ったゴボウは、沸きたてのお風呂が熱いので、体は洗えず泥んこのまま飛び出してしまいました。次に入ったニンジンは、熱いのをがまんして浸かっていたので、真っ赤になってしまいました。最後にダイコンが入る頃には、ちょうどよい湯加減になっていたので、ゆっくりと湯舟に浸かり、体もきれいに洗えました。そのため、ゴボウは泥んこのままで、ニンジンは赤くなり、ダイコンは白くなったというのです。

ところが、この昔話には少し引っかかるところがあります。ニンジンは熱いお風呂に長く入りすぎて赤くなったといいますが、ニンジンは赤色というよりはオレンジ色ではないでしょうか。

じつは、もともと日本で育てられていた東洋系のニンジンは、赤色でした。確かに、昔ながらの金時（きんとき）ニンジンを見ると、オレンジ色ではなく、お風呂でのぼせたような鮮やかな赤い色をしています。

ところが、明治時代になると、オレンジ色をした西洋系のニンジンが日本各地に普及していきました。これが現在、私たちがよく目にするオレンジ色のニンジンです。

赤色の東洋系のニンジンは、長いのが特徴です。これに対して、西洋系のオレンジ色のニンジンは、短く、収穫作業や箱詰め・運搬、加工作業などが容易です。そのため、西洋系のニンジンは東洋系のニンジンに取って代わり、日本中に広まっていったのです。そして今では、ニンジンといえば、オレンジ色のものが主流となりました。

ニンジンはもともと何色？

じつはニンジンには、赤色やオレンジ色だけでなく、白色や黄色、紫色など、さまざまな色の種類があります。そもそもヨーロッパで栽培が始まった頃は、紫色のニンジンが主流でした。

そして、私たちになじみが深いオレンジ色のニンジンは、黄色のニンジンが突然変異を起こして誕生しました。

すでに紹介したように、赤い色は人間の食欲を刺激します。肉に添えたり、スープに入れたりしたときに、鮮やかなオレンジ色のニンジンはおいしそうに見えます。そのため、オレンジ色のニンジンが広く栽培されるようになったのです。

オレンジ色の健康パワー

ニンジンのオレンジ色の色素は、カロチンです。ニンジンはカロチンを豊富に含んでいます。そもそもカロチン（carotin）という物質は、ニンジンの英名のキャロット

(carrot)に由来しています。

ちなみに、赤色をした東洋系のニンジンは、オレンジ色の色素であるカロチンが少なく、トマトやスイカと同じリコピンという赤い色素を豊富に含んでいます。

カロチンは色素であるだけでなく、さまざまな機能を備えた成分でもあります。まず、抗酸化機能があり、活性酸素の発生を防ぎます。また、人間の体の中でビタミンAに変化して、皮膚や粘膜の潤い(うるお)を健康に保つはたらきもあります。

「ニンジンを料理するときは、皮は薄くむいたほうがよい」といいます。抗酸化物質であるカロチンは、病原菌との戦いに備えて、外側の部分に多く存在しています。そのため、皮はできるだけ薄くむいたほうが、カロチンがたくさん残り、豊富に摂取できるのです。

一晩置いたカレーはなぜおいしいのか

どうしてカレーライスにはジャガイモなのか

カレーライスといえば、ジャガイモが欠かせません。

カレーライスはもともと、肉やジャガイモ、ニンジン、タマネギを煮込んだシチューにカレーパウダーを入れたものがルーツです。インド料理そのものではありません。これは元をたどれば、英国海軍が、日持ちのしない牛乳の代わりに保存性の良いカレーパウダーを利用したことに由来するといわれています。そのため、カレーライスにはシチューと同じようにジャガイモが使われるのです。

それでは、シチューに入れられるイモは、どうしてサツマイモではなくジャガイモだったのでしょうか。

この二つの野菜は、どちらも新大陸が原産地で、ジャガイモの原産地は南米のアンデス山地、サツマイモは赤道直下の中米です。そのため、ジャガイモは冷涼なヨーロッパで栽培が可能だったのに対して、熱帯原産のサツマイモは寒さに弱く、ヨーロッパではほとんど栽培されませんでした。だから、ヨーロッパ料理のシチューにはジャガイモが用いられたのです。

一方、日本には、ジャガイモもサツマイモも江戸時代に伝えられましたが、甘みのあるサツマイモに比べるとジャガイモは味が淡泊なので、あまり広まりませんでした。救荒作物としての栽培が奨励されても、サツマイモのように普及することはなかったのです。

ところが明治時代になると、ジャガイモの地位は一変します。淡泊な味のジャガイモは、肉のうまみとじつによく合ったのです。そのため、日本人が肉を食べるようになると、肉と一緒に料理した肉じゃがなどの日本のおふくろの味が作られていきました。そして、肉とともに煮込んだカレーライスも世に広まっていったのです。

翌日のカレーはここが違う

ところで、よく「一晩置いたカレーはおいしい」といわれます。これはどうしてでしょうか？

一晩置くことで、具のうまみがカレーに溶け出すということは、多くの人が実感していることでしょう。しかし、一晩置いたカレーがおいしいのは、うまみが溶け出しているからだけではありません。じつは、ジャガイモが大きな役割を果たしているのです。

ジャガイモに含まれるデンプンは、粘度が強くとろみがあります。ジャガイモを切った包丁をしばらく置いておくと、包丁に白い粉がつきます。これがデンプンです。ジャガイモのデンプンは粘度が強いので、糊（のり）のように包丁につくのです。

できあがったカレーを置いておくと、このジャガイモのデンプンが少しずつ溶け出し、カレーにとろみをつけます。するとカレーの粘度が高まり、カレーを食べたときに舌の上に残りやすくなります。そのためカレーの味を強く感じるのです。

ジャガイモのデンプンは、現在ではとろみをつけるための片栗粉（かたくりこ）の原料とされています。片栗粉は、その名のとおり、本来ユリ科のカタクリの球根を原料としますが、今ではカタクリは貴重なので、その代用品としてジャガイモが使われているのです。

注意したいのは食中毒です。熱に強いウエルシュ菌は調理しても死なないため、できあがったカレーを長時間常温に置いておくと、鍋の中で大繁殖してしまうことがあります。そのため、カレーを一晩寝かすときは、必ず冷蔵庫に入れるようにしてください。

カレーライスの女王

よく用いられるジャガイモには、男爵（だんしゃく）とメークインという二つの品種があります。男爵とメークインは、その特徴によって使い分けられます。男爵はホクホクした食感が特徴なので、粉ふきいもやポテトサラダ、コロッケなどに向いています。一方のメークインは、煮くずれしにくいので、カレーライスやシチュー、おでんなどの煮込み料理に適しています。この違いは、二つの品種のデンプンの量にあります。

男爵はデンプン含量が多く、粉質です。デンプンの分子は、ゆでると水と結合して大きくなります。そして、デンプンがふくらむことで、デンプンを含んでいた細胞もふくらみ、丸くなった細胞どうしが離れてしまいます。そのため、男爵は煮込むと煮くずれしてしまうのです。

一方、メークインはもともとデンプン含量が少ないので、細胞が離れにくい特性があります。そのため、煮くずれしにくく、シチューやカレーなどの煮込み料理に向いているのです。

もっとも、向き不向きはあるものの、必ずしも品種を使い分けなければならないというものでもありません。一般に男爵は東日本で食べられているのに対し、西日本ではメークインが主流です。甘みのあるメークインのカレーライスもおいしいですが、男爵のホクホクとした食感の素朴なカレーライスも捨てがたいところです。

ジャガイモを煮くずれさせない方法

カレーライスを作るときにジャガイモを煮くずれさせないようにするコツは、ジャガイモを水からゆでることです。

野菜を長時間ゆでると煮くずれしてしまうのは、細胞と細胞をつないでいるペクチンという物質が熱によって分解されて、細胞どうしが離れてしまうからです。ところが、低い温度で加熱すると、酵素反応によってペクチンが細胞内のカルシウムやマグネシウムと固く結びつき、細胞どうしが離れにくくなり、煮くずれを防げるのです。この現象は硬化現象と呼ばれています。

おでん屋さんのおでんのジャガイモが、長時間煮込んでいても煮くずれしないのは、低い温度から加熱しているためです。硬化現象が起こる温度帯は六〇〜七〇℃ですから、この温度からジャガイモを下ゆですれば、カレーライスを作るときも、煮くずれしないのです。

タマネギを炒める(いた)と甘くなるのはなぜ?

炒めると甘くなる理由

カレーを作るときには、タマネギをキツネ色になるまで炒めるとよいといわれます。

タマネギをよく炒めると、甘みが増します。この甘みが、スパイシーなカレーの味を、より深みのあるものにしてくれるのです。

それでは、どうしてタマネギは炒めると甘くなるのでしょうか。

タマネギの食用部分は、植物の球根にあたる部分なので、ブドウ糖や果糖、ショ糖などの成長のエネルギー源となる糖分が蓄えられています。ところが、サラダなどにして生で食べると、甘みよりも辛みを感じてしまいます。糖分以上に辛味成分が強いため、甘みが感じられないのです。

タマネギの辛味成分は、硫化アリルという物質です。硫化アリルは熱に弱いため、タマネギを加熱すると、分解されて辛みが失われ、タマネギ本来の甘さが出てくるのです。

さらに硫化アリルの一部は、熱を加えられることで砂糖の五〇倍以上の甘さがあるプロピルメルカプタンという物質に変化します。また、炒め続けることで水分が蒸発し、タマネギに含まれていた糖分も濃縮されます。こうして辛かったタマネギは甘く変身し、この甘みがカレーライスのこくを深めるのです。

ちなみに、包丁でタマネギを切ると涙が出てくるのも、この硫化アリルのしわざです。包丁によって細胞が切断されることで、硫化アリルが気化して目を刺激しているのです。

タマネギを泣かずに切る方法

もちろんタマネギは、人間を泣かせたくてこんな悪さをしているわけではありません。

タマネギの辛味成分である硫化アリルは、殺菌・殺虫効果のある防御物質です。タマネギに含まれる糖分などの栄養物質を狙う雑菌や害虫は、たくさんいます。そこで、それらの雑菌や害虫から身を守るために、タマネギは辛味成分を作り出しているのです。

ただし、強力な硫化アリルは、タマネギ自身にも無害とはいえません。そのためタマネギは、硫化アリルではなく、硫化アリルの元となるアリインという物質を細胞の中に蓄えています。このアリインには、辛みはありません。

ところがタマネギを切ると、細胞が壊れて、内部に含まれていたアリインが細胞の外にしみ出してきます。そして、細胞の外にあるアリイナーゼという酵素によって化学反応を起こし、揮発性の催涙物質である硫化アリルへと変化するのです。

このようにタマネギは、虫などに攻撃されて細胞が破壊されたときにだけ、瞬時に刺激物質を作り出して撃退する仕組みを持っているのです。

ところで、涙をこらえながらタマネギを切るのは大変ですが、タマネギを泣かずに切る裏ワザがあります。

タマネギの刺激物質である硫化アリルには、温度が低いと揮発しにくくなるという特徴があります。そのため、切る直前まで冷蔵庫に入れて冷やしておけば、揮発を抑

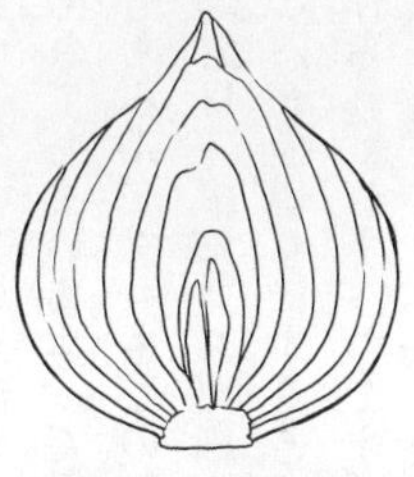

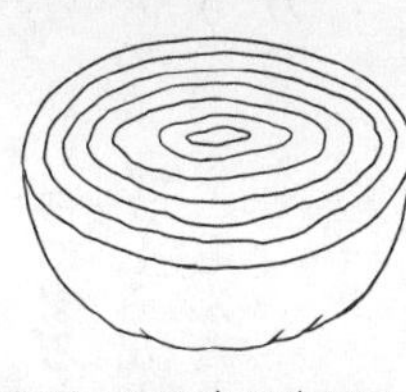

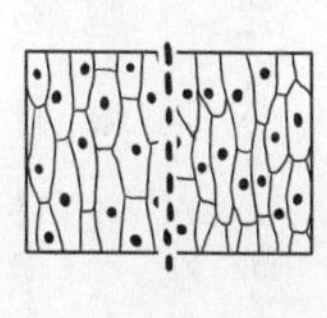

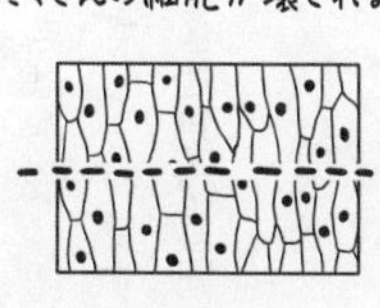

えることができるのです。
また、すでに紹介したように、硫化アリルは加熱すると、甘味成分に変化します。電子レンジで少し加熱してから、タマネギを切るのも一つの方法です。

切り方で味が変わる!?

タマネギは、縦切りにする場合と、横切りにする場合では、涙の出かたが違います。じつは横切りしたほうが、涙が出やすくなります。これはどうしてでしょうか。

植物の組織の基本的な構造は、細胞が縦に積み上がって並んでいる状態です。そして、縦に並んだ細胞は束になってまとまっているため、強風など横からの力を受けても折れにくくなっています。まるで、毛利元就（もとなり）の三本の矢の逸話のようです。一方、細胞の束同士の結束は強くないため、簡単に離れてしまいます。だから、野菜は縦方向に裂けやすいのです。

もちろん、タマネギの細胞も縦に並んでいます。そのため、タマネギを縦切りにした場合は、縦に並んだ細胞と細胞とが離れるだけなので、細胞はあまり壊れません。ところが横切りにすると、たくさんの細胞が切られて壊されるので、刺激物質も大量に作られてしまうのです。

もっとも、横切りすると細胞が壊れるため、歯ざわりがやわらかくなります。また、横切りにしたタマネギを水にさらせば、辛味成分が水に溶け出して、辛みがなくなります。そのため、タマネギをサラダにするときには、横切りのほうが適しているのです。

反対に、炒め物にするときは、縦に切ります。横に切ると細胞が壊れて、細胞内の糖分などの成分がしみ出してしまいます。そのため、できるだけ細胞を壊さないように縦切りにして、噛（か）んだときに初めて細胞が壊れて味が出るようにしたほうがおいしくなるのです。

精がつくニンニクパワーの秘密

タマネギとニンニクは親戚どうし

　タマネギやニンニクの分類は複雑です。タマネギとニンニクは、以前はユリ科に分類されていました。その後、分類はネギ科に変更します。そして、今ではヒガンバナ科に分類されているのです。

　どうして、このようなことが起こったのでしょうか。もちろん、昔と今とで、タマネギやニンニクの姿や性質が変わってしまったわけではありません。どちらの野菜も、昔も今も同じタマネギとニンニクのままです。

　昔は、植物の分類は、見た目が似ているかどうかで行なわれていました。しかしその後、遺伝子の解析が進むようになり、遺伝子が似ているかどうか、あるいは祖先が同じかどうかで分類が行なわれるようになりました。遺伝子の解析技術は日々、進歩しています。そして、遺伝子の解析が進むにつれて、ネギ科からヒガンバナ科へと分類が変更されてきたのです。

　それにしても、タマネギやニンニクは、ユリと見た目が似ているからユリ科に分類されていたと言われていても、どこが似ているのだろうと、何だか不思議な気がしてしまいます。

どうして精がつく?

タマネギとニンニクは、ヒガンバナ科の中でもアリウム属に分類される植物です。アリウムという属名は、「強くにおう」という意味のラテン語に由来しています。ニンニクのにおいの成分も、タマネギと同じ硫化アリルです。ニンニクもタマネギ同様に細胞の中にアリインを蓄え、酵素反応によって硫化アリルを生成します。ニンニクの強いにおいも、大切な球根を外敵から守るためのものだったのです。

ニンニクは漢字で「大蒜」と書き、もともとは仏教語の「忍辱(にんにく)」が語源です。つまり、臭いのを耐え忍んで食べたことに由来しているのです。

タマネギやニンニクは歴史の古い野菜で、昔は食用というよりも薬用にされていました。

メソポタミア文明の古代バビロニアや、エジプト文明の古代エジプトでは、タマネギやニンニクが食べられていた記録が残されています。また、ピラミッドの労働者には、重労働に耐えるための強壮剤としてタマネギとニンニクが支給されていました。

何千年も前の昔から、ニンニクを食べると精がつくと人々は知っていたのです。

そもそも、どうしてニンニクを食べると精がつくのでしょうか。

ニンニクには硫化アリルを筆頭に、強い殺菌力や抗菌力があるさまざまな物質が含まれています。もちろん、これは球根を外敵から守るためですが、これらの物質のなかには、人間の病原菌に対しても抗菌や殺菌効果を発揮するものもあるのです。

毒と薬は紙一重

しかし、謎（なぞ）は残ります。ニンニクを食べて体内の病原菌がいなくなれば、確かに人間は健康になります。しかし、精がついてますます元気になってしまうまでの効力があるのは、どうしてなのでしょうか。

これにも理由があります。

じつは強い殺菌作用を持つニンニクの成分は、大なり小なり多くの生物にとって有害なものです。そのため、ニンニクを食べると有害な毒を排除しようと人間の体内の免疫力が高まり、防御態勢に入ります。そして、人間のさまざまな生理作用が活性化されるのです。

さらにニンニクの成分に刺激された人体は、臨戦態勢を取り、体内のナチュラルキラー細胞のはたらきを強めて、病気に対する免疫力を高めます。

　生きる力は、平穏な時よりも困難にあってこそ、その潜在的な力が発揮されます。ニンニクには、人間の体を適度に刺激して、眠っている防御能力を呼び覚ますはたらきがあるのです。

　まさに毒と薬は紙一重ということなのでしょう。ニンニクはこうして、さまざまな薬効を私たちの体にもたらしてくれるのです。

　もっとも、精力増強に利用されるニンニクですが、意外なことにニンニク自身は不稔で、種子はできません。つまり、「種なし」です。種子が熟すにはエネルギーが必要なので、種子を作るとその分だけ球根部の栄養分が少なくなってしまいます。そのため人類は、長い栽培の歴史の中で、ニンニクが種子をつけないように改良してきたのです。

カレーライスには何の肉を入れる？

あなたは豚肉派？　それとも牛肉派？

　あなたはカレーライスには何の肉を入れますか？　牛肉ですか、豚肉ですか、それとも鶏肉でしょうか。

関西では牛肉を入れる人が多く、関東では豚肉を使う人が多い傾向があるようです。これには、関西と関東の歴史の違いが影響しています。

関西では古くから荷物の運搬などに牛が使われていました。一方、関東では武士団が発達し、機動力の高い馬が用いられました。たくさんの馬を放牧するには大量の草を必要としますが、関東ではススキが生い茂る草地が広がっていたため、馬の飼育が可能だったのです。

このような歴史から、農耕用の家畜でも、関西では牛が中心になり、関東では馬が多く使われるようになりました。また、牛糞(ぎゅうふん)に比べて馬糞は排便後も発酵が進むため、温度が高まりやすく、寒い地方では、馬糞により田んぼの水が温められる効果があったともいわれています。

だから、明治になって肉食が一般的になっていくと、関西では身近にいる牛の肉が食べられるようになりました。

関東でも、横浜開港によって外国人が移り住むようになると、牛肉が食べられ始めました。しかし、増加する消費量に生産が追いつかなくなり、飼育が容易な雑食の豚が育てられるようになりました。そして養豚は、関東周辺へ広がっていったのです。

こうして、肉といえば関西では牛肉が、関東では豚肉が中心になっていきました。カレーだけでなく肉じゃがでも、関西では牛肉が使われるのが一般的なのに対して、関東では豚肉が使われます。豚肉を使った中華まんを関西では豚まんというのに対して、関東では肉まんというのも、関東では豚肉が肉の代名詞だからです。

もっとも、明治の初期にイギリスから日本にカレーが伝えられたときに作られた『西洋料理指南』のレシピによれば、カレーの材料にはアカガエルの肉を入れると記載されています。当時は、牛肉や豚肉が手に入りにくかったために、カエルの肉で代用したのです。

ちなみに、カレーの材料にするほどたくさんいたアカガエルは、現在では絶滅が心配されるまでに、その数を減らしています。

草食動物の肉にタンパク質があるのはなぜ？

豚は雑食性であるのに対して、牛は草しか食べない草食動物です。牛は肉や魚を食べないのに、どうして牛肉にはタンパク質が豊富なのでしょうか。

前に紹介したように、肉しか食べないライオンのような肉食動物は、草食動物を丸ごと食べることで栄養のバランスをとっていました。では、草食動物はどうやって栄養バランスを維持しているのでしょうか。

植物も、生きていくためにタンパク質を持っています。しかし、植物のタンパク質は動物のタンパク質とまったく違うものなので、植物を食べてもタンパク質をそのまま利用することはできません。だから、植物のタンパク質を一度アミノ酸に分解して、アミノ酸からタンパク質を作り直さなければいけないのです。ただし、タンパク質をアミノ酸に分解しても、そこからタンパク質を作るのは簡単なことではありません。

そこで草食動物は、腸内細菌の力を借りています。まず、草食動物が植物に含まれるタンパク質をアミノ酸に分解します。腸内細菌たちはこのアミノ酸を餌に暮らしており、アミノ酸を基にタンパク質を合成します。そしてそのタンパク質を、今度は草食動物たちが吸収して利用するのです。

植物はタンパク質をわずかにしか含んでいないため、草食動物は大量の草を食べて栄養を確保しています。草だけ食べている草食動物も、栄養のバランスをとるための工夫を必要としていたのです。

植物と草食動物の戦い

牧草の祖先であるイネ科植物は、乾燥した草原地帯で発達しました。そして草原で

牛が持つ4つの胃

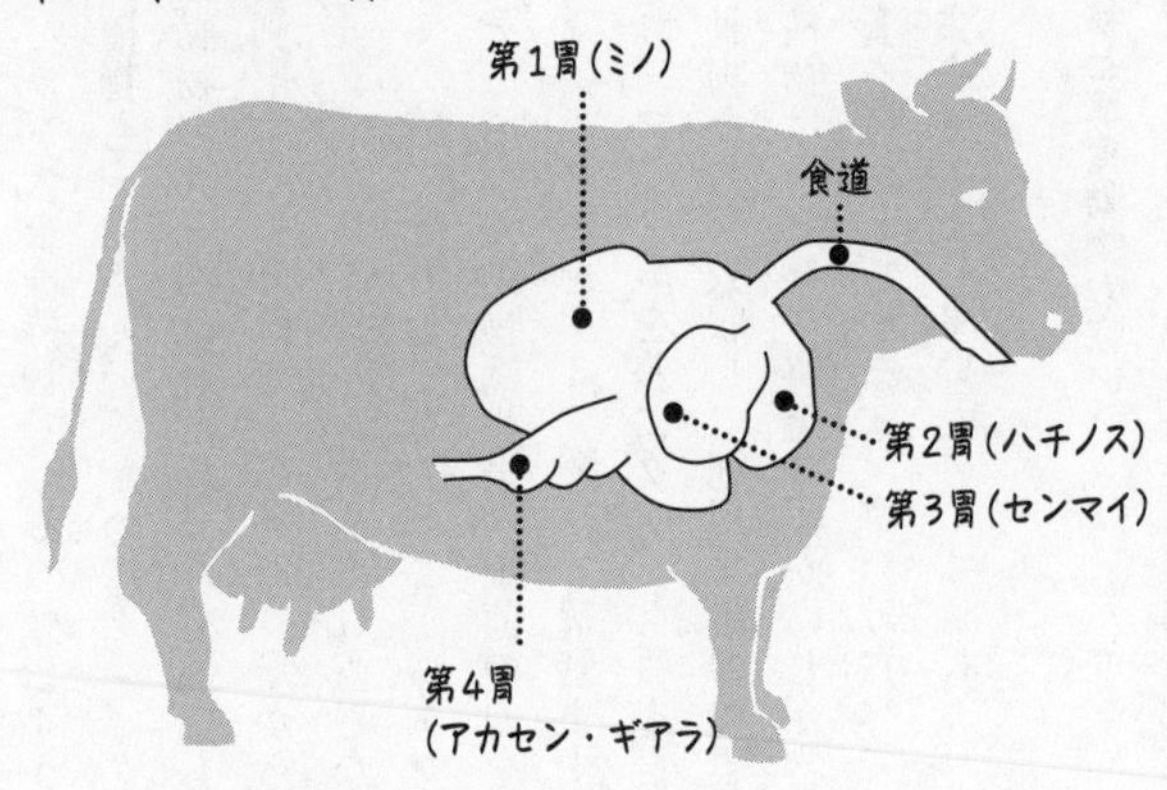

は、馬や牛、ヤギなどの多くの草食動物の仲間が、イネ科植物を餌としていました。

そのため、イネ科植物は草食動物に対抗するような進化を遂げてきました。

植物には、細胞分裂が活発に行われ、新しい細胞がつくられる「成長点」という組織があります。多くの植物の成長点は茎の先端にあり、そこから新しい枝葉が生えてきますが、ここを食べられてしまうと、成長が止まってしまいます。ところが、イネ科植物の成長点は、株元にあります。そして株元で新たな細胞を作り、まるで建物の土台部分をかさ増ししていくようにして、葉を上へ上へと押し上げていくのです。これなら、先端の葉をいくら食べられようと、成長を続けることができます。

さらにイネ科植物は、動物に食べられにくいように、繊維を発達させて葉や茎を堅くしました。

しかし、草食動物も負けてはいません。その堅い繊維を消化するために、牛は四つの胃を持つようになったのです。

植物の堅い繊維は、おもにセルロースという物質からできています。セルロースは植物が生産するブドウ糖をつなげて作られています。

セルロースは、水素結合という安定した結合によりブドウ糖どうしがしっかりとつながれているので、簡単には分解されません。ただし、草食動物の消化器官の中には、このセルロースを分解できる微生物がすんでいます。こうして草食動物は、微生物がセルロースを分解してつくったブドウ糖を、エネルギー源とすることができるのです。

微生物に分解してもらうためには、十分な働き場所が必要です。だから、牛やヒツジは胃を四つも持ち、馬は長い盲腸を用意したのです。

ちなみに牛の四つの胃は、焼き肉屋では第一胃がミノ、第二胃はハチノス、第三胃がセンマイ、第四胃がアカセンやギアラと呼ばれています。

福神漬けの謎の食材の正体は？

カレーライスとジャックと豆の木

福神漬けは、明治時代に東京は上野の漬物屋「酒悦」が考案した漬け物です。七福神のように七種類の野菜が入っていることと、お店のある位置が七福神の一柱（ひとはしら）である弁天様を祀（まつ）った不忍池（しのばずのいけ）弁天堂に近かったことから「福神漬け」と名づけられたとされています。そして、大正時代に日本郵船の欧州航路客船で出されたカレーライスに添えられたことをきっかけに、福神漬けはカレーライスの付け合わせとして広まっていったのです。

福神漬けをよく見てみると、中に、ペン先のような変な形のものが入っています。この奇妙な形の食材は、いったいどんな野菜の、どの部分なのでしょうか。

これは、ナタマメという豆類の若い莢（さや）を輪切りにしたものなのです。

現在では、福神漬けに入れられる七種類の野菜はさまざまですが、どんな福神漬けを見ても、ナタマメは必ず入っています。

ナタマメの若い莢は食用になりますが、熟した莢は毒を持つので食べられません。成熟した豆は、漢方薬の原料などに用いられています。

ナタマメは、私たちにはまったくなじみのない植物かと思うかもしれませんが、そうでもありません。

じつは、童話『ジャックと豆の木』のモデルになった植物といわれているのが、ナタマメなのです。ちなみにナタマメは、英語では「ジャックビーン」とも呼ばれています。

ナタマメの莢は、手のひらに乗りきらないほど巨大なものです。この莢の形が鉈(なた)に似ていることから、日本ではナタマメと呼ばれています。

莢が大きいのですから、もちろん中に入っている豆も巨大です。

以前、水をあげると、出てきた芽に「ありがとう」「おめでとう」などの文字が現れる豆の缶詰が流行したことがありましたが、この大きな種子はナタマメでした。

福神漬けには七種類の野菜が入っています。ナタマメ以外にはどんな野菜が入っているのでしょうか。

「酒悦」で最初に考案された福神漬けには、ナタマメのほかにナス、ダイコン、カブ、レンコン、ウリ、シソの実が入っていました。

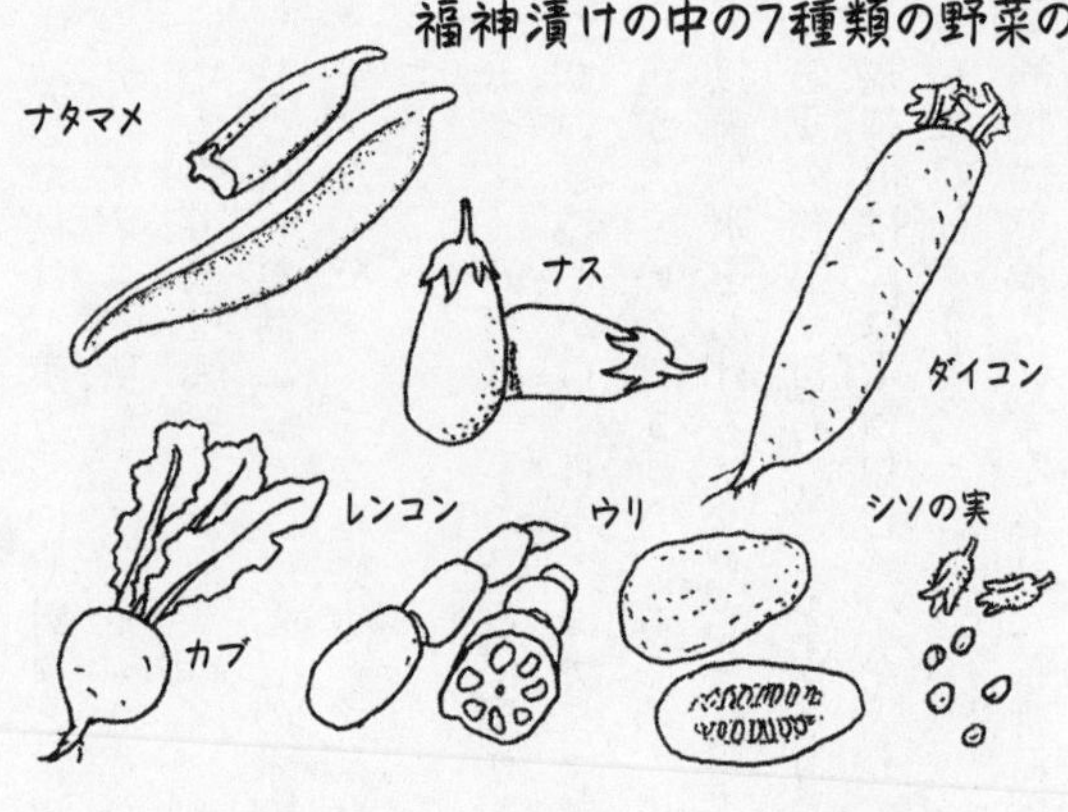

ただし現在では、さまざまな野菜が材料として用いられていて、タケノコ、チョロギ、シロウリ、ショウガ、ウド、ニンジン、サンショウなど豊富な材料の中から七種類が選ばれて福神漬けが作られています。

＊

コトコト煮込んだ鍋の中の肉と野菜のハーモニーに、トウガラシとジャガイモの魔法をかけて、一晩置いたカレーライスをおいしく「いただきます」。

「ごはんにみそ汁」はなぜ合うのか

朝ごはんの科学

米はどうして白い？

朝食は、ごはんかパンか

朝食のことを、英語でブレックファストと言います。これは、断食（fast）を破る（break）という意味です。

通常、人は夕食を食べてから、夜の間はほとんど食べ物を口にしません。その「断食」を破るのが朝食なのです。一日の始まりに食べる朝食では、脳や体のエネルギー源となる炭水化物をとる必要があります。朝食をとらないと頭がボーッとして集中力を欠いたり、だるくて疲れやすくなるのは、エネルギーが切れてしまうからです。

朝食のメニューには、主に和食のごはん派の人と、洋食のパン派の人が多いようです。ごはんもパンも、炭水化物を含む食品なので、朝食のメニューとして適しています。

米のごはんは、ゆっくりと消化されます。そのため血糖値の上昇が緩やかで、効率的にエネルギーとなり、太りにくいとされています。また、長時間、血糖値が保たれるため、腹持ちが良いのが特徴です。一方、パンはごはんに比べると消化吸収が早く、血糖値がすばやく高まってエネルギーになるため、速やかに体を目覚めさせる効果があります。

米はイネのどの部分？

私たちが食べている米は、イネの種子です。

イネは収穫しても、すぐにお米として食べられるわけではありません。収穫した稲穂についた種子の部分は、籾（もみ）と呼ばれます。この籾の中に米粒が入っています。そして、籾の皮をむいた状態の米が、玄米です。

玄米には、イネの芽になる胚芽（はいが）（胚）と呼ばれる部分と、発芽に必要なエネルギータンクである胚乳（はいにゅう）という部分があります。

この玄米を精米して、表面を覆（おお）っている糠（ぬか）と、胚芽を取り除いたものが、一般的に食べられている白米です。白米は、エネルギータンクである胚乳の部分だけを取り出したものです。私たちはイネの発芽のエネルギータンクを食べて、生きるためのエネ

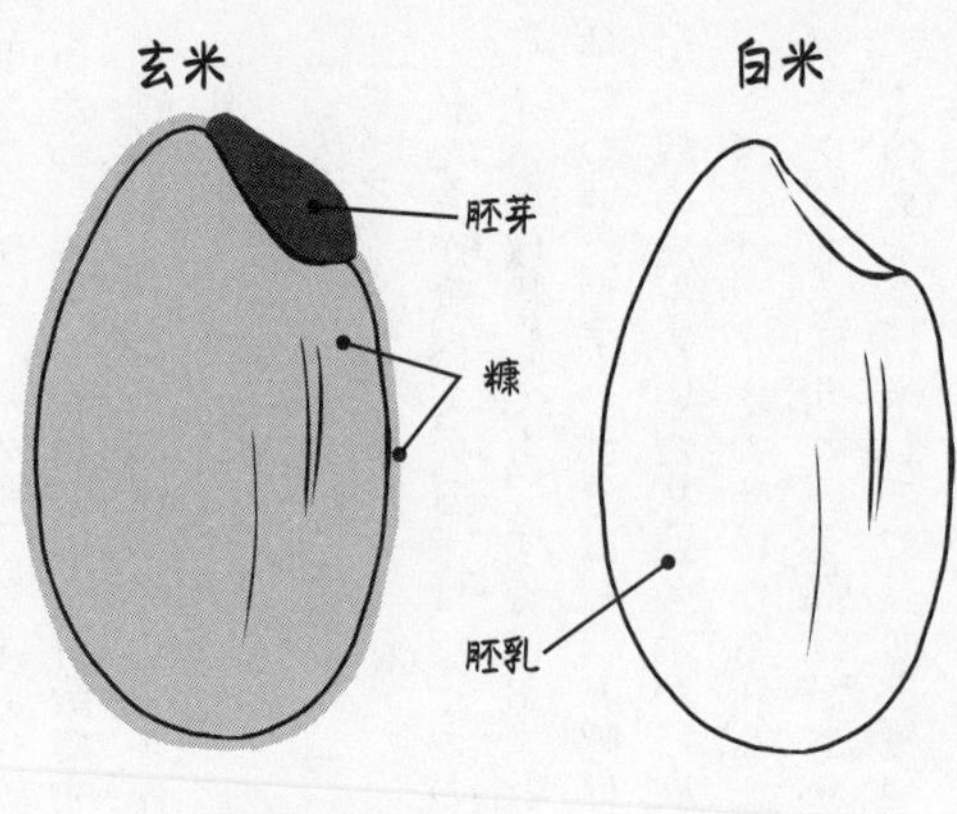

ルギーを得ているのです。

イネの芽になる胚芽を取り除かれてしまった白米は、もう芽を出すことはありませんが、玄米には胚芽が残っているので、芽を出すことができます。水を浅く張ったお皿に玄米を入れておくと、芽が出るようすを観察できます。

私たちが食べる米粒の量は？

白米の胚乳には、発芽した苗が三枚目の葉を伸ばすまでの栄養分が詰まっています。そして、胚乳の栄養分を使いきった後は、自分の根で栄養を吸収して大きくなっていくのです。

このイネが成長して秋に稲穂をつけると、一粒だった籾が五〇〇〜一〇〇〇粒もの籾になります。こうして命はつながり、生きるエネルギーも伝えられていくのです。

それでは、私たちはこのパワーあふれる米粒をいったいどれくらい食べているでしょうか。

お茶碗の大きさにもよりますが、お茶碗一杯でおよそ三〇〇〇粒の米が詰まっています。これは田んぼのイネの株では、二〜三株分に相当します。また、たたみ一畳分の田んぼからは、およそお茶碗一六杯分のお米がとれる計算になります。

昔は、「一粒のごはんも残してはいけない」と言われました。飽食の現代には、一粒のお米を大切にする気持ちを持つことは簡単ではないかもしれません。しかし、一粒の米を食べて、生きる命のパワーをいただいていることに、時には思いを馳せてみるのも悪くはないかもしれません。

米はもともと赤かった

白米と言うくらいですから、米は白いものというイメージがありますが、もともとは赤色や紫色だったと考えられています。赤色や紫色の米が突然変異で白く変化したものが、現在の白米の祖先なのです。

生物の中には、突然変異によって色素を失った白い個体が生まれることがあります。そして、白いカラスやキツネなどは、神の使いとして神聖視されてきました。古代では、珍しい純白の米もまた、神聖な存在として大切にされたのかもしれません。

赤米の色素はタンニン、紫米の色素はアントシアニンです。これらの色素は、大切な米を害虫や病原菌から守るための物質です。また、赤米や紫米のほうが、白米に比べミネラルなどたくさんの栄養素を含んでいます。突然変異により、防御物質である色素を失って病害虫への抵抗性が下がり、さらに栄養素も減ってしまった白米ですが、こちらのほうが食味にすぐれたおいしいお米でした。だから、しだいに白米のほうが一般的になっていきました。

現在でも、祝い事のときには小豆やささげで染めた赤飯を作りますが、昔からの行事の際に赤飯が食べられるのは、古代に赤米を食べていたことが起源になっているともいわれています。

米と大豆は相思相愛？

ごはんとみそ汁は相性ばっちり
米のごはんには、みそ汁がよく合います。
昔から日本人は、ごはんとみそ汁の組み合わせを中心に献立を作ってきました。これには理由があります。

みその原料は大豆です。じつは、米と大豆とは栄養学的に相性がばっちりなのです。日本の主食である米は、炭水化物を豊富に含み、栄養バランスに優れた食品です。一方、大豆は「畑の肉」といわれるほど、タンパク質や脂質を豊富に含んでいます。そのため、米と大豆を組み合わせると、三大栄養素である炭水化物とタンパク質と脂質がバランスよくそろうのです。

アミノ酸のうち、人間が生きていくのに不可欠なのに、体内で合成できず食べ物から摂取しなければならないものを、必須(ひっす)アミノ酸といいます。米で不足しがちな必須アミノ酸はリジンですが、そのリジンを豊富に含んでいるのが大豆です。一方、大豆には必須アミノ酸のメチオニンが少ないのですが、米にはメチオニンが豊富に含まれています。

そうです、米と大豆を組み合わせることによって、すべての栄養分がそろって完全になるのです。

米と大豆からは、さまざまな料理が作られます。相性のよい組み合わせは、ごはんにみそ汁だけではありません。ごはんに納豆、お餅(もち)にきなこ、煎餅(せんべい)にしょうゆ、日本酒に冷や奴(やっこ)、酢飯と油揚げのいなり寿司(ずし)。私たち日本人が昔から親しんできたこれらの料理は、みんな米と大豆の組み合わせなのです。

やせた土地で育つ大豆の秘密

昔は「あぜ豆」といって、田んぼの周りの畦（あぜ）に、大豆を植えていました。大豆はやせた土地でもよく育つからです。

やせた土地で育つ秘密は、大豆の根にあります。

大豆の根を見てみると、根に丸いつぶつぶがついています。この粒の中には、根粒菌というバクテリアが共生しています。根粒菌は、空気中の窒素を取り込むことで、大豆に栄養分を供給しています。一方の大豆は、糖分などの栄養分を根粒菌に与えています。つまり、大豆と根粒菌は、持ちつ持たれつの共生関係を築いているのです。そして、根粒菌と共生することで、大豆は栄養分の少ないやせた土地でも育つことが可能になりました。

夏に食べるエダマメは、まだ未成熟の大豆です。直売所などで、株ごと、葉や根がついている状態で売られているエダマメを見つけたら、よく観察してみてください。根に、根粒菌のすむ小さな粒がついているはずです。

エダマメは「枝豆」の名のとおり、もともとは莢（さや）が枝についたまま売られていました。エダマメの莢を枝から取りはずすと、食味が一気に低下してしまうため、枝つきの株ごと出荷されていたのです。もっとも近年は、鮮度維持技術が向上したため、スーパーなどでは、枝からとりはずした莢だけの状態で売られているエダマメも多くなりました。

アメリカへ渡った大豆

大豆はみそだけでなく、しょうゆの原料でもあります。大豆は、英語でソイビーンといいます。これは、しょうゆの豆という意味だともいわれています。

江戸時代の安政年間に、薩摩（さつま）地方（現在の鹿児島県）からヨーロッパに向けてしょうゆが輸出されました。このとき、しょうゆを意味する薩摩弁の「ソイ」がソイビーンの由来になったともいわれています。

アメリカの大豆は中国から伝えられたものでしたが、やせた荒地でも育つ大豆は、アメリカで広く栽培されるようになりました。現在のアメリカは、世界第二位の大豆生産国です。ちなみに第一位はブラジルで、第三位はアルゼンチン。新大陸である南北アメリカ大陸の三カ国で、世界の大豆生産量の約八割を占めています。もっとも海外では、大豆はほとんど食用にはされず、油脂やバイオディーゼル燃料、家畜の飼料などに利用されています。

一方、しょうゆの食文化を誇る日本はどうでしょうか。日本の食卓に欠かせない大豆は、現在ではほとんどを輸入に頼っています。大豆の自給率はわずか六%程度にすぎません。今や、外国の大豆畑に頼らなければ、豆腐もみそ汁も納豆も、食べることができないのです。

納豆はなぜネバネバするのか

稲わらの納豆菌が発酵させる

納豆はみそと同じように、大豆が原料です。それなのに、どうして納豆はネバネバしているのでしょうか。

納豆もみそも、微生物が大豆を発酵させることによって作られます。ただし、納豆とみそでは、働いている微生物の種類が異なります。

納豆を作るのは、納豆菌です。

昔は、納豆は煮た大豆を稲わらに包んで作りました。納豆菌は、自然界では稲わらの中にすんでいて、わらを分解して暮らしています。そのため、煮豆を稲わらで包めば、納豆菌のはたらきで豆が発酵し、自然に納豆になったのです。

納豆菌は、大豆のタンパク質などを分解して、アミノ酸をはじめさまざまな成分を作りだします。ネバネバした成分は、こうした納豆菌のはたらきによるものです。

納豆のネバネバ成分は、グルタミン酸というアミノ酸が長くつながった糸に、フラクタンという糖質が絡(から)み合ってできています。このネバネバは、納豆菌が外敵から身を守るために生産していると考えられています。

発酵食品はなぜ腐りにくい?

納豆が、納豆菌のはたらきによるものなのに対して、みそやしょうゆは、麴(こうじ)菌や乳酸菌、酵母菌などが、大豆を発酵させることによって作られます。

人々は、昔から微生物の力を借りた発酵により、さまざまな食品を作ってきました。ヨーグルトやチーズ、パン、鰹節(かつおぶし)、糠漬け、食酢などは発酵食品ですし、ビールやワイン、日本酒などのお酒も発酵によるものです。

発酵食品は、有益な菌を増殖させることで作られます。こうすると、競合する雑菌が繁殖しづらくなり、腐敗しにくく保存性が高まるという特長があります。

また、発酵のさいには微生物が原料となる食品を分解し、さまざまな物質を作り出すため、栄養価が上がったり、香り成分やうまみ成分が増えて、おいしさが高まるという効果もあります。

黄+紫=赤? 梅干しの色の謎（なぞ）

梅干しの抗菌パワー

ほかほかの真っ白いごはんに、真っ赤な梅干しがあると、ごはんが進みます。すっぱい梅干しを見ると、自然と唾液（だえき）が出て胃腸のはたらきも活発になり、食欲もわいてきます。

梅干しがすっぱいのは、梅干しがクエン酸という酸を豊富に含んでいるためです。クエン酸の効果は、ごはんが進むだけではありません。雑菌が繁殖するのを防ぎ、腐敗させない殺菌作用があります。だから、梅干しがあると食べ物が腐りにくくなるのです。さらに梅干しを作るさいには、殺菌力のある塩を混ぜているため、殺菌作用がより強くなります。

おむすびや日の丸弁当に梅干しが入れられるのは、ごはんの具としてすぐれているだけでなく、長時間持ち歩いても、傷（いた）みにくいようにする知恵でもありました。ちなみに昔は、おむすびをタケノコの皮で包みました。じつはこの皮には、タケノコを雑菌から守るための高い殺菌作用があり、おむすびに雑菌が繁殖するのを防ぐはたらきがありました。

さらに、おむすびや日の丸弁当の梅干しには、疲れた体に食欲を増進させたり、汗で失われた塩分を補給する役割もあります。

まさに、梅干しはごはんにぴったりなのです。

梅干しはどうして赤い？

梅干しの材料は、梅の実です。梅の実は、熟すと黄色くなります。それなのに、どうして梅干しは、鮮やかな赤い色をしているのでしょうか。

梅干しを作るときは、赤ジソの葉をいっしょに漬け込みます。赤ジソの葉は紫色をしていますが、赤色ではありません。黄色い梅の実と紫色のシソの葉から、鮮やかな赤い梅干しができるのは、なんだか不思議です。

この秘密は、赤ジソの葉に含まれるアントシアニンにあります。

前に紹介したように、アントシアニンはもともと赤紫色の色素ですが、酸性になると赤く変色します。シソの葉からしみ出たアントシアニンが、梅の実のクエン酸に反応して鮮やかな赤色を作り出しているのです。

ところで梅干しは、梅の実を漬けて作るのに、どうして、「梅干し」というのでしょうか。

じつは、シソの葉と漬け込んだ後の梅の実は、太陽の下で干されて「梅干し」となります。野外で日光にさらすことで、紫外線によって殺菌されるとともに、余分な水分が蒸発するため、梅干しの保存性がより高まるのです。

＊

朝ごはんは、一日の活力を生み出すパワーの源。しっかり目を覚まして、今日も元気にごはんとみそ汁を「いただきます」。

ピーマンの苦みをなくす方法とは

チャーハンの科学

どうして子どもたちはピーマンが嫌いなのか

緑色のピーマンは未熟な果実

緑色のピーマンは、ビタミンCが豊富で夏のビタミン供給源として優れていますが、残念ながらいつも子どもたちの嫌いな野菜の上位に入っています。

前に紹介したように、植物の果実は、種子が熟すと甘くなり、赤く色づきます。しかし、熟さないうちは緑色の状態で身を隠し、苦味成分を持って動物などに食べられないようにしています。

つまり、私たちが食べている緑色のピーマンは、まだ未熟な果実なのです。だからそこには、苦味成分が含まれているのです。

人間や動物は、危険なものを食べてしまわないように、危険を感じるセンサーとして味覚を発達させてきました。その結果私たち人間は、腐ったものは酸味として、毒性の物質は苦みとして感じるようになりました。

子どもたちの味覚は、生きることに対してきわめて素直です。子どもたちは、有毒な成分であることを示す苦みを敏感に感じ取り、とてもいやがります。一方、甘みは、果実の味です。現在では甘いものが健康を害するまでにあふれていますが、自然界の甘い果実に危険なものはありません。だから、子どもたちは甘いものを喜ぶのです。

つまり、子どもたちが苦いピーマンをいやがるのは、正常な感覚なのです。食べられたくないという緑色のピーマンと、苦いピーマンを食べたくないという子どもたちの利害は一致しているのです。ところが、複雑な味覚を求める人間のおとなたちは、苦みがおいしいといって、わざわざ未熟なピーマンを食べるようになりました。ピーマンと子どもたちにとっては、ずいぶんと迷惑な話です。

ピーマンの苦みをなくす方法

どんなに味付けをしてみても、どんなに細かく切り刻んでも、ピーマンが嫌いな子どもは、その風味をたちどころにかぎ分けてしまいます。

ただし、ピーマンの苦みをなくすことはそれほど難しくありません。ピーマンの苦味物質は、加熱すれば分解されます。そのため、火を通せば苦みを取り除くことができるのです。

しかし、ピーマンを料理に使うときは、多くの場合熱を通しているのに、苦みが残っています。これはどうしてなのでしょうか。

じつは、ピーマンを切ると、苦味物質が酸素と結び付いて分解されなくなってしまうのです。子どもたちの目をごまかすために小さく刻んだりすると、酸素と結びつきやすくなって、かえって逆効果です。ピーマンの苦みを取るには、切らずに熱を通すのがいちばんいい方法なのです。バーベキューで豪快に丸ごと焼いたピーマンなら、子どもたちもおいしく食べることができるはずです。

もし、ピーマンを切ってから調理する場合には、切る前に一度ゆでて下ごしらえすると、苦みを抑えられます。

ピーマンも熟せば甘い

私たちが食べる緑のピーマンは未熟な果実ですが、ピーマンも熟せば赤く色づきます。赤く熟したピーマンは、苦みも消えて甘くなります。

熟した状態で食べるパプリカは鮮やかに色づいていますし、甘みがあります。これも他の果実と同じように、果実を食べた動物に種子を運んでもらうための戦略です。

赤く熟したピーマンは、トウガラシのように見えます。じつはピーマンは、トウガラシの一種です。そもそもピーマンという言葉は、フランス語でトウガラシを意味する「ピマン」に由来しています。ピーマンは、英名ではグリーンペッパー（緑のトウガラシ）やスイートペッパー（甘いトウガラシ）などと呼ばれています。トウガラシを辛みがないように改良したものこそが、ピーマンなのです。

ヨーロッパとは反対に、インドではさらに辛みが強くなるように改良されました。これが日本に伝わって「鷹の爪」など辛いトウガラシになったのです。

「グリーンピース」ってどんな意味？

グリーンピースが嫌われる理由

チャーハンには、よくグリーンピースがトッピングされています。

わずか何粒かの存在ですが、グリーンピースは、好きな人と、嫌いな人とにはっきり分かれる食材です。目立たない存在に見えますが、その存在感は小さくないようです。

グリーンピースは青臭いさわやかな香りが特徴的です。ところが、このにおいが苦手な人も少なくありません。

グリーンピースのにおいの基となっているのは、豆に含まれる脂質が分解されて生じるヘキサナールという成分です。ヘキサナールは、ゆでることによって減少します。グリーンピースが苦手な人は、下ゆでしてから料理に用いるとよいでしょう。

蝶(ちょう)のように咲く

グリーンピースは、エンドウの未成熟な豆です。つまりグリーンピースは「未成熟な緑色のエンドウ」という意味なのです。ちなみに美しい花を咲かせるスイートピーは、「かわいいエンドウ」という意味です。スイートピーの和名は、香りエンドウやジャコウエンドウです。厳密に言えば、スイートピーはエンドウの仲間ではありませんが、同じマメ科植物で花がよく似ていることから、そう名付けられました。つまりエンドウも、スイートピーに劣らず美しい花を咲かせるのです。

エンドウのようなマメ科植物の花は、蝶形花(ちょうけいか)と呼ばれる独特の姿をしています。まさに、蝶が羽を広げているような複雑で美しい形をしています。

エンドウの花

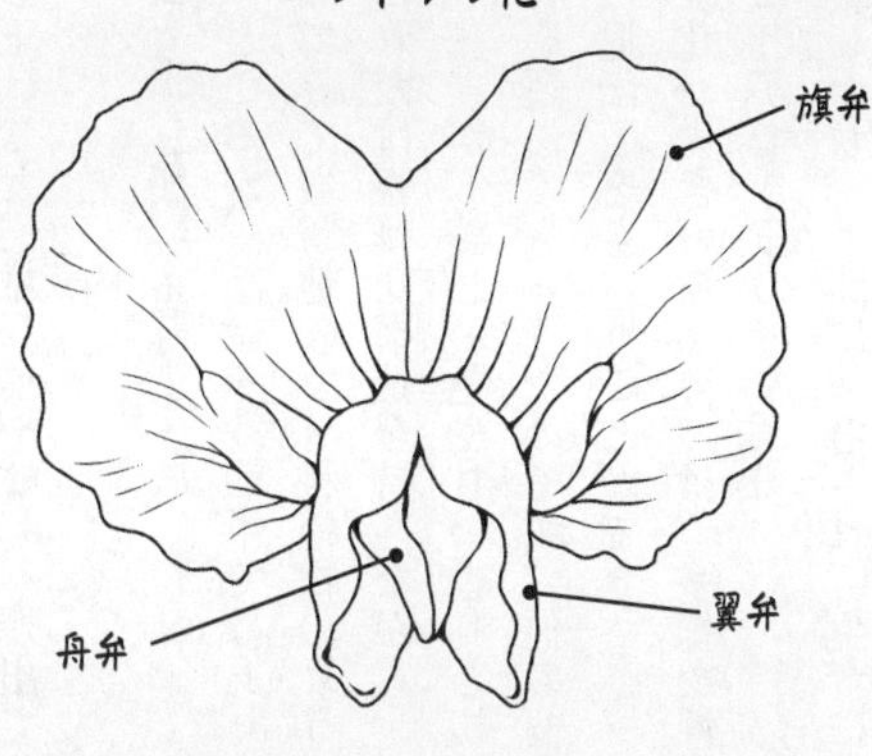

蝶形花でまず目立つのは、上に突き出た旗弁（きべん）と呼ばれる花びらです。その名のとおり、旗のようにハチなどの虫がやってくる目印になっています。旗弁には筋のような模様があります。この模様が、花を訪れるハチに蜜（みつ）のありかを示す標識のような役割を果たしているのです。

花の下側には、翼のように張り出した翼弁（よくべん）と舟のような形をした舟弁（しゅうべん）と呼ばれる花びらがあります。ハチが旗弁に描かれた標識に従って蜜を吸おうとして、翼弁や舟弁に足を掛けると、その重みでこれらの花びらが下がる仕組みになっています。そして、舟弁の中からあらわれた雄しべが、ハチの腹に花粉を付着させるのです。このハチが同種の他の花を訪れると、今度はハチの腹についた花粉が雌しべにつくことになります。こうして、マメ科の花はハチの力を借りて、離れた花どうしで花粉をやり取りして、受粉しているのです。

レンゲやシロツメクサなど野原に咲く身近なマメ科の花でも、指でそっと舟弁を押し下げると、雄しべや雌しべが出てくるようすが観察できます。

虫を拒む花の不思議

ところが、話はそう簡単ではありません。じつはエンドウの舟弁を押し下げようとしてみても、他のマメ科植物のように舟弁は下がりません。美しいエンドウの花は、これだけ複雑な構造を持ちながら、虫がやってくるのを拒んでいるのです。

花々が、美しい色や甘い香りと複雑な仕組みを備えているのは、虫たちを集めて花粉を運んでもらうためです。他の個体の花粉を受粉すれば、自分では持っていなかった遺伝子をもらうことができ、さまざまなタイプの子孫を残せます。そして、環境の変化が大きい自然界では、多様な性質の子孫を残しておけば、どれかは生き残らせることができるのです。

しかし、人間に栽培され、生育に適した環境で育てられるエンドウは、厳しい環境条件を乗り切る必要がありません。むしろ、改良されたエンドウは、野菜としての優秀な性質を、変わることなく子孫代々に伝えていくことを求められています。人間にとっては、エンドウが自分の花粉で受粉して、自分と同じ性質の子孫を残してくれたほうが都合がよいのです。そのため人間は、他の花と花粉を交えなくても種子を作れる自殖性を持った個体を選抜していきました。そして、エンドウは自殖性の植物となったのです。人間が自分勝手にエンドウを改良してしまったといえばその通りですが、それはエンドウにとっても悪いことではありません。エンドウにしてみれば、人間は喜んで種子を増やし、大切に育ててくれるのです。エンドウは自殖さえすれば、花に虫が来ないようにして、人間の機嫌を取るなど簡単なことだったに違いありません。こうして、おそらくは人間とエンドウの思惑が一致して、虫を呼び寄せる仕組みを持ちながら、虫を拒むという不思議な花が誕生したのです。

メンデルが遺伝の法則をエンドウで発見したのも、エンドウが自殖によって次の世代の種子を作るという単純な遺伝様式を示していたためです。

花は葉が変化してできた!?

メンデルからさかのぼること一〇〇年以上前。花は葉が変化したものであると主張したのは、かのドイツの文豪、ゲーテでした。

ゲーテはキンポウゲ科の植物の観察から、花が葉から変化したことを発見しましたが、エンドウを観察してみると、花が葉に由来することを実感できます。

エンドウの花の子房を見ると、すでに豆の莢（さや）の形になっています。この豆の莢をよく見ると、一枚の葉が折りたたまれたようにできています。花びらばかりでなく、棒状の雌しべもまた、葉からできているのです。エンドウを料理するときに取り除くすじの部分が、葉の両端が合わさった部分です。この子房の中で種子が育（はぐ）まれ、私たちが食べるエンドウができあがるのです。

花は見られなくても、野菜として売られているエンドウの莢をよく観察してみると、莢の先端には雌しべの、付け根には雄しべの痕跡（こんせき）を見ることができます。

ハムとソーセージはどこが違うのか

もともとは豚肉の部位を示していた

チャーハンの具材には、ハムやベーコンがよく使われます。

ハムはもともと、豚のお尻（しり）からももの部分の肉を指す言葉ですが、「もも肉」を塩漬けした後にゆでたり、燻製（くんせい）にしたりして加工したものが、一般にハムと呼ばれます。

塩漬けしただけのものは生ハムと呼ばれますし、もも肉から骨をとったものが、ボー

豚の部位

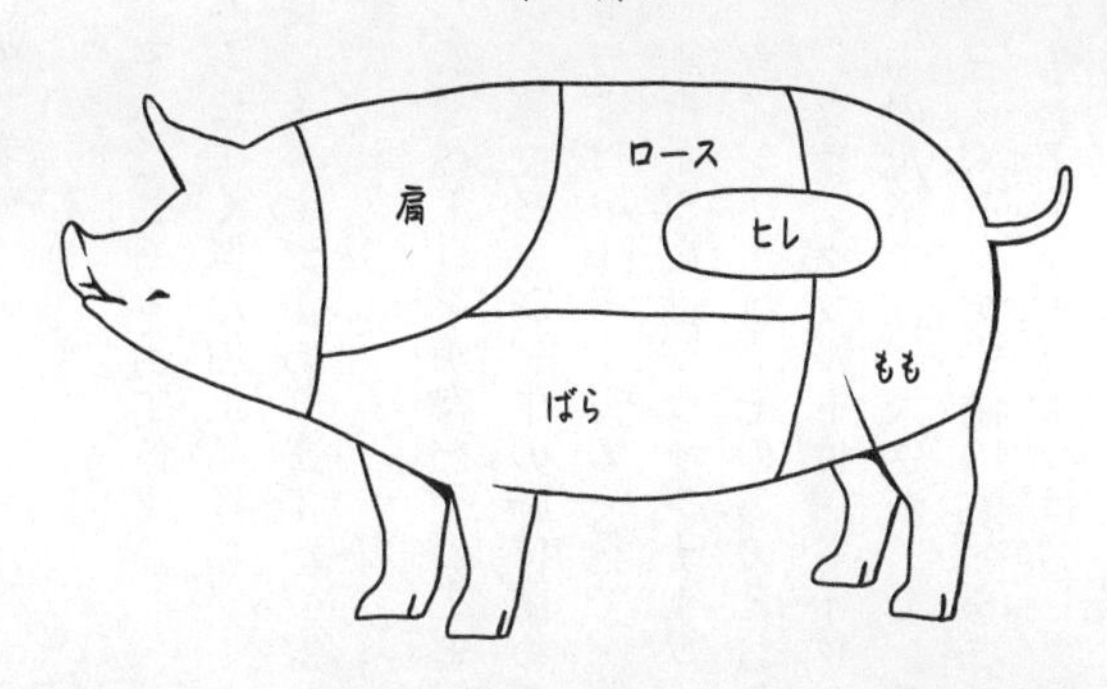

ンレス（骨なし）ハムです。

塩漬けや燻製にするのは、肉の保存性を高めるためです。ところが、日本ではハムに似せた加工品が作られるようになりました。肉の小片に圧力をかけてプレスし、ハムのような形にしたプレスハムです。また現在では、もも肉の代わりに肩から腰にかけての背肉である「ロース肉」を使ったロースハムが主流となっています。

一方、ベーコンはあばら骨の周囲の豚の「ばら肉」を意味する言葉ですが、一般には豚のばら肉を塩漬けして燻煙（くんえん）したものが、ベーコンとされています。

つまり、ハムとベーコンの違いは、もともとは豚肉の部位を表す言葉でしたが、現在の日本では、ロース肉を塩漬けしてゆでた加工品がハム、ばら肉を燻製にしたものがベーコンと呼ばれることが多いのです。

ソーセージとサラミの正体

ハムによく似た加工品に、ソーセージやサラミがあります。ソーセージやサラミは、細長いイメージがありますが、太いものを輪切りにすると、ハムとよく似た姿になります。

ハムやベーコンが肉をそのまま使うのに対して、ソーセージは、練り合わせたひき肉を、豚やヒツジ、牛の腸に詰めて、ゆでたり燻製にしたりします。

サラミはソーセージの一種で、腸詰めしたものをさらに乾燥熟成させて作ります。

ソーセージには、ウインナーソーセージやフランクフルトソーセージなどがあります。ウインナーは、その名のとおりオーストリアのウィーンが発祥のソーセージです。また、フランクフルトは、ドイツの都市の名前に由来しています。

日本の規格では、太さが二センチ未満のものをウインナーソーセージ、二センチ以上、三・六センチ未満のものをフランクフルトソーセージと定めています。

ウインナーソーセージは、ヒツジの腸にひき肉を詰めて作ります。このヒツジの腸の太さが二センチ未満なので、これに準じてこの太さのものをウインナーソーセージと呼んでいるのです。

これに対して、フランクフルトソーセージは、豚の腸にひき肉を詰めます。豚の腸はヒツジの腸よりも太いため、この太さをフランクフルトソーセージとしているのです。また、三・六センチ以上の太さのものは、ボロニアソーセージと呼ばれます。ボロニアソーセージは牛の腸にひき肉を詰めるために、さらに太くなるのです。

ひき肉をこねるとどうして粘る？

ソーセージを作るときにひき肉をこねると、こねればこねるほど粘りが出てきます。これはどうしてでしょうか。

筋肉の繊維の中には、アクチンとミオシンという二つのタンパク質があります。アクチンは細い繊維を作っており、レールの役割を果たします。一方、ミオシンは太い繊維を作っており、モーターを積んだ電車の役割を果たしています。このミオシンの繊維がアクチンの繊維の中に滑り込むことによって、筋肉が縮むのです。こうして、筋繊維が動くことによって筋肉が動きます。

筋肉の中では、アクチンとミオシンは一方向に整然と並んでいますが、ひき肉をこねると、アクチンとミオシンが網目状に結合してアクトミオシンという物質に変化します。だから、粘りが出てくるのです。

アクトミオシンは熱を加えると、さらに結合が強くなります。ソーセージを加熱調理すると、肉が固まるのはそのためです。

これはハンバーグやつくねでも同じです。かまぼこを、魚のすり身をこねて作るのも同様です。

パラパラチャーハンの作り方

チャーハンに合う米の種類は?

チャーハンには長粒種の米が合うといわれます。

米には大きく分けて、インディカ（長粒種）とジャポニカ（短粒種）の二種類があります。

世界で広く栽培されている米は、インディカです。ピラフやパエリアなどの料理には、インディカが使われます。また、インドの料理をヒントにイギリスで考案されたカレーライスにも、もともとはインディカが用いられていました。

米の食感を決めるのは、アミロースとアミロペクチンという二種類のデンプンの比率で、アミロースが多いほどパラパラになります。そして、インディカではアミロース含量が多いため、パラパラとした食感になるのです。

一方、日本で栽培される米はジャポニカです。ジャポニカは、インディカに比べるとアミロース含量が少ないので、炊いてごはんにするとよく粘ります。

日本以外の国では米の料理をスプーンで食べるのに対して、日本ではごはんを箸で食べます。それは、私たちが食べるジャポニカには粘りがあるからなのです。

短粒種のジャポニカでチャーハンをパラパラにするには？

日本では、チャーハンを作るときにも、短粒種のジャポニカが使われるのが一般的です。では、粘り気のあるジャポニカのごはんを使ってパラパラのチャーハンを作るには、どうしたらよいのでしょうか。

代表的な方法は、ボウルに卵をといて、その中にごはんを入れて米粒に卵を絡みつかせて、あらかじめ卵かけごはんを作ってから炒めるというものです。こうすると、米粒が卵でコーティングされてパラパラになります。

「水と油」ということわざがあるように、水と油は本来は相容れませんが、卵には水と油をなじませる乳化作用というはたらきがあります。この乳化作用によって、水分の多いごはんが油となじみ、ふんわりとしたパラパラのチャーハンができるのです。

油の代わりにマヨネーズを使っても、パラパラしたチャーハンを作ることができます。これは、マヨネーズの材料である卵の乳化作用によって、マヨネーズに含まれる植物油とごはんの水分がなじむためです。

卵の持つ生きる力

卵の乳化作用は、レシチンという物質によって起こります。レシチンは卵の黄身の部分に含まれます。

卵の黄身は、鶏のヒナになる部分です。これに対して白身には、ヒナになる黄身を乾燥などから保護する役割があります。また、卵を割ったときに黄身についている白いひものようなものはカラザと呼ばれ、卵黄を殻に結び付けて固定する役目を担っています。

水と油を混ぜるレシチンが黄身に含まれているのには、理由があります。ヒナになる黄身は、生命活動を行う必要があります。生きていくためには、脂質などの脂分を溶かして体中に運んだり、細胞の中に取り込んだりしなければなりません。だから、水と油を混ぜるレシチンが必要なのです。

卵の構造

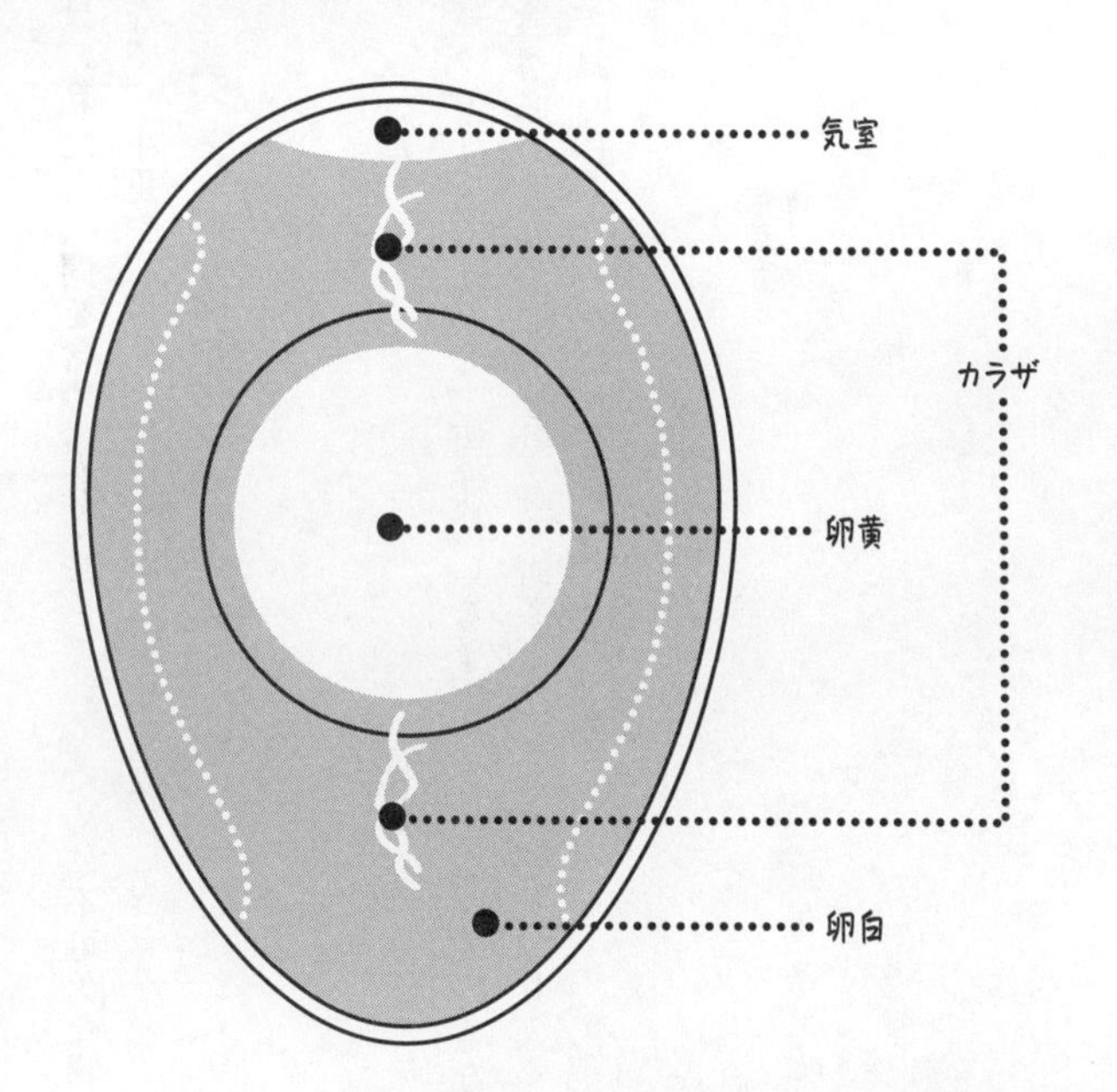

レシチンは、私たち人間を含め生命が生きていくために不可欠な物質です。そのため卵だけでなく、小魚や、植物の種子である穀類や豆類、ゴマなど、生命を丸ごといただく食材を食べると必ず摂取できます。

*

ピーマンやグリーンピースなど野菜嫌いな子どもたちも、大好きなチャーハンだったら喜んで食べられるかもしれません。野菜と肉、卵のたっぷり入ったパラパラのチャーハンを、おいしく「いただきます」。

「もやしっこ」は強かった!

お好み焼きの科学

関西風と広島風はどうして味が違う？

キャベツをめぐる熱き戦い

東京圏の市場ではやわらかいキャベツが好まれるのに対し、関西圏の市場ではやや堅めのキャベツが好まれるといいます。理由は、堅めのキャベツのほうがお好み焼きに適しているからです。キャベツの需要を変えてしまうほど、関西ではお好み焼きが食べられているのです。

もっとも、お好み焼きには大きく分けて、関西風と広島風とがあります。関西風は小麦粉をといた生地に具を混ぜて焼くのに対し、広島風は生地の上に具をのせて焼きます。「お好み焼き」といっても、その調理法は関西風と広島風でまったく違います。

そして、関西風と広島風ではキャベツの使い方が決定的に異なります。

関西風のお好み焼きは、キャベツが水っぽくならないように細かく刻み、生地と混ぜて鉄板で焼き上げます。このシャキシャキとした歯ごたえが、関西風お好み焼きの大きな魅力です。

これに対して広島風のお好み焼きは、生地の上に刻んだキャベツをのせ、ひっくり返します。こうすることで、生地でキャベツを包み込み、キャベツから出た水分で蒸し焼き状態にするのです。つまり、関西風はキャベツをいわば炒めているのに対して、広島風はキャベツを蒸しているのです。

キャベツを炒めた場合、キャベツの細胞壁が壊れ、細胞内に蓄えられていた糖が細胞の外に流れ出てしまいます。これに対して、キャベツを蒸した場合は、細胞壁は破壊されず、徐々にやわらかくなっていくので、糖が細胞内に保たれます。そのため、蒸したキャベツは甘くなります。そして、広島風お好み焼きの蒸して甘いキャベツは、甘いソースと見事にマッチするのです。

日本はキャベツの国

地中海沿岸にその起源を持つキャベツは、古くからヨーロッパを中心に栽培されてきました。

ところが、今ではヨーロッパよりも日本のほうがキャベツを多く食べています。日本のキャベツの生産量は、農業国であるフランスの九倍にもなるというのですから、驚きです。

そういえば、お好み焼き以外にも、日本ではキャベツがよく食べられます。

トンカツ屋へ行けば山盛りの千切りキャベツが定番ですし、ハンバーグやオムレツ、コロッケなど洋食も、付け合わせの野菜といえばまずキャベツです。キャベツは、洋食になくてはならない野菜なのです。

意外なことに、洋食に添えられるキャベツの千切りは、日本独特のものです。欧米では生のキャベツを食べることは、ほとんどありません。なんでも生のキャベツは、ウサギが食べるものと決まっているそうです。そういえば、かつて日本人は「ウサギ小屋に住んでいる」と欧米人に揶揄(やゆ)されていました。

しかし、なんと言われようと脂(あぶら)っこい洋食には大盛りのキャベツがよく合います。

胃腸薬にキャベツに由来する「キャベジン」があるように、キャベツには消化酵素のジアスターゼや胃腸の潰瘍(かいよう)を治すビタミンUなど、胃腸障害に効く成分がたくさん含まれています。そのため、脂っこい洋食にキャベツが添えられるのは、理にかなっているのです。

紅しょうがはなぜ赤い？

紅しょうがが食欲をかき立てる

不思議なことに、茶色いソースの上に青海苔（あおのり）が振りかけられただけのお好み焼きに、紅しょうがをのせると、途端においしそうに見えてきます。お好み焼きにとって、紅しょうがは重要な存在です。

紅しょうがをのせるとおいしそうになるのは、すでに紹介したように、果実が熟した色である赤色が、私たちの食欲をかき立てるからです。

紅しょうがは、植物であるショウガの根茎を刻んで漬けたものです。しかし、ショウガの根茎はもともと赤い色をしているわけではなく、薄い黄色です。冷や奴（やっこ）やそうめんの薬味にするおろししょうがや、寿司（すし）に添えられるガリの色が、もともとの色なのです。

紅しょうがは、本来は梅酢で漬けるので、うすいピンク色をしています。しかし現在は、食紅を使った真っ赤なもののほうが一般的です。そして、鮮やかに着色された紅しょうがでないと、お好み焼きや牛丼（ぎゅうどん）などはどうも調子が出ないのも事実です。

紅しょうがを染める食紅の材料は？

紅しょうがを着色する食紅は、もともと植物に由来しています。

こんな鮮やかな赤色の色素を持つ植物は、いったいどのようなものなのでしょうか。

食紅の本来の原料は、山形県の特産として有名なキク科のベニバナという植物です。

漢字では「紅花」と書きますが、花が赤いわけではありません。ベニバナは黄色いアザミのような花を咲かせます。この頃がベニバナの収穫時期です。ところが、花が終わり頃になると花の根元が赤く変色します。この頃がベニバナの収穫時期です。ベニバナの花の付け根にはとげがあるので、収穫はとげがやわらかい早朝のうちに行われます。

ベニバナの花は、黄色い色素と赤い色素を持っています。黄色い色素は水に溶けますが、赤い色素は水に溶けにくく安定しています。そこで、収穫したベニバナを水にさらして黄色い色素を取り除き、その後で鮮やかな赤い色素だけを取り出すのです。

ベニバナの花が、黄色と赤色の二つの色素を持っているのには理由があります。

ベニバナは、ハチなどの昆虫を呼び寄せて受粉します。このとき、受粉していない花と、すでに受粉を終えた花とが混ざって咲いていると、ハチが受粉をするのに非効率です。そこで、受粉を終えた花は赤く色づいて、受粉していない黄色い花と区別できるように工夫しているのです。

受粉を終えた花は色あせて散ってしまってもよいような気がしますが、花の数が次々に減っては、花畑が目立ちません。そこでベニバナは、受粉を終えたあとも花を咲かせ続けることで花畑にハチを呼び寄せ、近づいたハチには赤い色により受粉を終えたことを伝えているのです。なんともしたたかな戦略です。

ところが最近では、さまざまな原料がベニバナの代用として使われています。

意外なことに、その天然原料の一つは虫です。サボテンにつくコチニールカイガラムシの雌は、発情期に多量の紅色色素をつくり出します。そのため、このカイガラムシをつぶして、工業的に食紅の原料として利用しているのです。黄色い花から赤い色素を取ることを考え出した昔の知恵も驚きですが、虫を集めて色素を取るという現代の方法にもびっくりさせられてしまいます。

「もやしっこ」と呼ばないで

お好み焼きの名脇役(わきやく)

キャベツに加えて、さらにお好み焼きを増量させるために入れられるようになった食材が、モヤシです。

特に広島風のお好み焼きでは、モヤシは欠かせません。広島風のお好み焼きというと、ついつい山盛りのキャベツに目を奪われてしまいますが、よく見ると、キャベツと一緒に必ずモヤシが入れられています。

すでに紹介したように、関西風のお好み焼きがキャベツのしゃきしゃきした歯ごたえを残しているのに対して、広島風のお好み焼きでは、キャベツが蒸されてしんなりします。そこで、モヤシがシャキシャキした歯ごたえを演出しています。モヤシは、広島風お好み焼きの隠れた名脇役なのです。

モヤシとはいったい、どのような植物なのでしょうか。

残念ながら、「モヤシ」という名前の植物はありません。モヤシは「萌（も）やし」の意味です。つまり、植物の種類にかかわらず、種子から芽生えて「萌えて」いる状態のものが「モヤシ」なのです。

ただし、一般にモヤシという名前で売られているものは、緑豆や大豆などの豆類を発芽させたモヤシです。


モヤシは強かった！

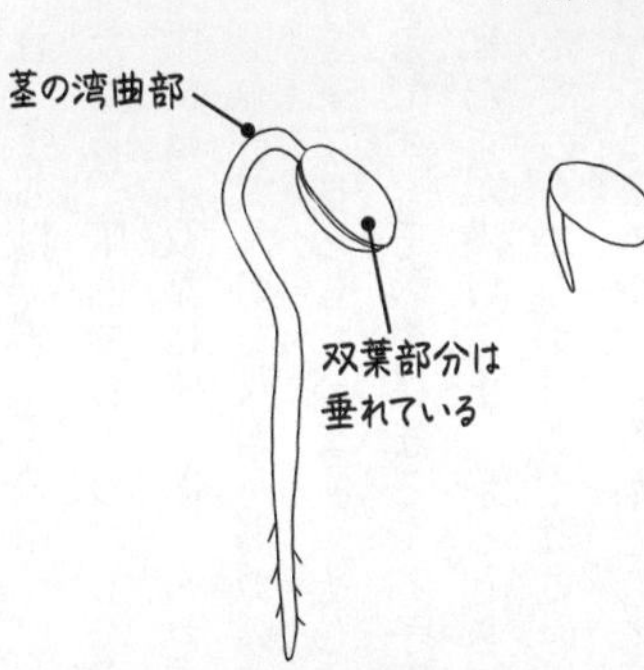

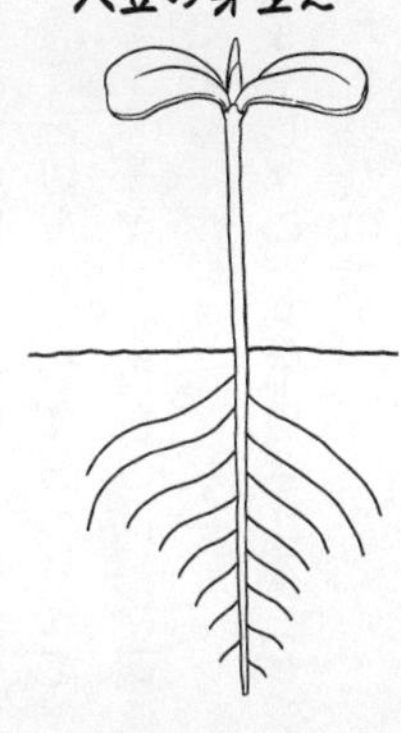

色白で、ひょろひょろとしたひ弱な子どもを「もやしっこ」と言います。しかし、モヤシはけっして弱々しいわけではありません。むしろ、モヤシには植物の強い生命力があふれているのです。植物の双葉の芽生えを思い浮かべてみてください。短い茎に双葉を広げています。ところが、モヤシは双葉を広げることなく、茎を長く伸ばしています。確かに、植物の芽生えとしては不自然な形です。

これは、モヤシは光を当てずに育てられるので、まだ土の中にいると勘違いしているためです。つまりモヤシは、地上に芽を出す前の地中での豆類の姿だったのです。

地中で発芽した植物は、少しでも早く地上に芽を出そうと、茎を伸ばしていきます。地上に出た合図は、太陽の光です。逆に言うと、光がない暗闇で育つうちは、まだ土の中にいるということ。光を感じるまで、茎を伸ばし続けます。だから、暗闇で育てられるモヤシは、あれほど茎が長くなっているのです。

地中では、双葉はまだ閉じられています。また、双葉の部分を上にして伸びていくと、土や石で大切な双葉が傷ついてしまうことがあります。それを防ぐため、双葉の部分を下に垂らしています。そして、湾曲させた茎で土を押し上げながら、成長していくのです。その姿はまるで、子どもたちがおしくらまんじゅうで背中で押し合ったり、私たちが満員電車に乗るときに、頭から突っ込むのではなく、丸めた背中から割り込んでいくようすによく似ています。

モヤシは傷みやすい野菜として知られていますが、それはモヤシがエネルギーを消耗しながら成長し続けているからです。モヤシは自分が土の中にいると信じています。根っこを切られ、袋に詰められて、冷蔵庫の中に入れられても、光を求めて成長を続けます。モヤシが傷むのは、冷蔵庫の中で生きるための壮絶な戦いをしているからなのです。

「もやしっこ」と揶揄されるモヤシですが、その姿には、植物の芽生えのパワーがあふれていたのです。

発芽のエネルギー源

モヤシは根から栄養分を吸っているわけではないし、太陽の光で光合成をしているわけでもありません。モヤシの成長のパワーは、すべて種子の中のエネルギーによるものです。

モヤシだけではありません。植物の種子の中には、発芽のためのエネルギーが詰まっています。

イネやトウモロコシなどイネ科植物の胚乳（はいにゅう）の主な成分は、デンプンです。イネ科の植物は、このデンプンを分解して発芽のエネルギーを生み出しているのです。ごはんや麦、トウモロコシなどの穀類のデンプンは、私たち人間にとっても生きるためのエネルギーとなる重要な栄養分です。

車にもガソリンで動くガソリン車と軽油で動くディーゼルエンジン車があるように、植物の種類によっては、デンプン以外のものをエネルギー源とする場合もあります。

マメ科の植物は、タンパク質を発芽のエネルギー源としています。大豆が畑の肉と呼ばれるほどタンパク質が豊富なのは、このためです。

ヒマワリやナタネの主なエネルギー源は、脂肪です。だから、ヒマワリやナタネから豊富な油が取れるのです。

エネルギータンクの秘密

ところで、大豆などマメ科の植物の芽生えには、ある特徴があります。

植物の種子は、植物の基になる胚と呼ばれる赤ちゃんの部分と、胚の栄養分となる胚乳という赤ちゃんのミルクに相当する部分からできています。

たとえばお米は、イネの種子です。先に紹介したように、お米では、玄米についている胚芽と呼ばれる部分が胚に当たります。そして、胚芽を取り除いた白米が、胚乳の部分です。つまり私たちは、イネの種子のエネルギータンクを食べているのです。私たち人間も種子と同じように、胚乳に含まれているデンプンを消化酵素で糖に分解し、さらに糖を呼吸によって分解してエネルギーを獲得しています。ごはんをもりもり食べると元気が出るのは、種子が発芽のエネルギーを作り出すのとまったく同じ仕組みなのです。

ところが、マメ科の種子には、この大切な胚乳がありません。

豆の大きな大豆のモヤシを観察してみましょう。豆の部分が二つに分かれています。これは、大豆だけではなく、すべての豆に見られる特徴です。たとえば、ビールのつまみで食べるエダマメの薄皮をむいて豆を見てみると、ちょうど立体パズルのように二つに分かれます。

二つに分かれたのは、双葉になる部分です。マメ科の種子の中には双葉がぎっしりと詰まっています。つまり、マメ科の植物はこの厚みのある双葉の中に、発芽のための栄養分をためているのです。

米に見られるように、ふつうの植物の種子は胚乳が大部分で、植物の芽になる胚の部分はほんのわずかです。しかし、少しでも芽が大きいほうが、他の植物との芽生え競争に有利です。そのためマメ科の種子は、エネルギータンクを体内に内蔵することで、限られた種子の中のスペースを有効に活用して、体を大きくしているのです。

栄養豊富で生命力に満ちたモヤシ

このように発芽のエネルギーを蓄えた豆類には、豊富なタンパク質が含まれています。それなのに、どうして手間をかけて、わざわざ発芽を促してモヤシにして食べるのでしょうか。

じつはモヤシには、豆類にはなかった栄養分が、たくさん含まれています。

豆類は芽生えていく過程で、蓄えていたタンパク質や、デンプン、脂質などの栄養分を分解して、それを原料に植物が生きていくためのさまざまな成分を作り出します。

だからモヤシには、ビタミン類やアミノ酸など、豆にはなかった栄養素が含まれているのです。

種子である豆類がエネルギータンクを備えた生命カプセルであったのに対して、モヤシは生命活動を行う生きている野菜です。モヤシは、生きていくための栄養分にあふれているのです。

小麦粉はこねるとなぜ固まるのか

粉の大変身

お好み焼きの生地の材料は、小麦粉です。

ごはんとして食べる米は、米粒を調理して食べる「粒食」であるのに対して、小麦は麦の粒を挽(ひ)いて粉にしてから食べる「粉食」です。この違いには、イネと小麦の特徴が関係しています。

イネの籾(もみ)は、籾の殻と、中の米粒とが離れやすくなっています。また、米粒は硬くて簡単には割れません。そのため杵(きね)でつくことで、米粒と殻とを簡単に分けることができます。

ところが麦は、籾の殻と内部の粒とが密着しているので、簡単には分けられません。しかも、小麦の殻はやわらかいので、強くつくと割れてしまいます。そういった理由で、小麦は手間をかけて粉にして、ふるいにかけて殻を取り除いてから食用にされたのです。

お好み焼きの生地は、小麦粉を水でといて焼き上げます。こんな簡単な調理法で、粉だった小麦がお好み焼きになるのですから、考えてみればなんとも不思議です。これは、小麦の性質によるものです。粉にしなければ食べられなかった小麦ですが、粉にすることは、思わぬ効果を生み出しました。

小麦のタンパク質の大部分は、グリアジンとグルテニンです。グリアジンは伸びやすい性質を持っています。一方のグルテニンは、伸びにくい代わりに弾力があります。粉にした小麦粉に水を加えてこねると、グリアジンとグルテニンが絡(から)み合って、粘性と弾力性という両者の特性を兼ね備えたグルテンがつくられます。

この小麦の性質によって、お好み焼きの生地ができあがるのです。

強力粉と薄力粉の違い

粉にすることで、小麦の食べ方はバリエーションが豊かになりました。水にとくことによって生地になる小麦粉は、お好み焼きだけでなく、さまざまな料理に使われています。

こねた小麦粉を薄く広げて焼き上げるインド料理のナンは、お好み焼きとよく似た食べ方です。パンやピザ、餃子(ギョーザ)の生地も小麦粉から作られます。これを麺(めん)にすれば、パスタや中華麵、うどんにもなります。

小麦粉は、強力粉、中力粉、薄力粉に分類されます。これは、タンパク質の量とデンプン粒の大きさの違いによるものです。

強力粉はタンパク質の量が多く、デンプン粒が大きいのが特徴です。グルテンが強力で粘りが強くなるので、パンに向いています。イースト菌が発酵して炭酸ガスを出しても、生地がしっかりとしているので、ふっくらとしたパンになるのです。

中力粉は、タンパク質の量が中程度で、デンプン粒が細かいのが特徴です。「うどん粉」とも呼ばれます。日本では古くから、日本の気候にあった中間質の小麦が栽培されてきました。そして日本では、中力粉を使って、うどんやそうめん、ほうとうなどの料理が作られたのです。

薄力粉はタンパク質の量が比較的少なく、デンプン粒が極小なのが特徴です。グルテンが弱く、粘りが弱いので、やわらかな食感を楽しむケーキなどの菓子類や、天ぷらに使われます。

小麦に対して、大麦は殻が硬いので、昔は粉にするのが大変でした。さらに、グルテンが少なく粘り気がないので、小麦粉のように粉にしても用途があまりありません。そのため大麦は、粒のままゆでて麦飯やおかゆなどに利用されるのが一般的です。また、焙煎（ばいせん）して麦茶にしたり、麦芽を使ってビールやウイスキーが作られています。

ヤマイモはなぜ消化にいいのか

ふんわり焼き上がる理由

お好み焼きは、小麦粉を水にといて焼くシンプルな料理ですが、ヤマイモを加えると、ふんわりとした食感になります。おいしいお好み焼きには、ヤマイモが不可欠なのです。

ヤマイモを入れることで生地がふんわりとするのには、理由があります。ヤマイモのネバネバ物質は、マンナンという多糖類などから作られています。このネバネバには、水分を保持するはたらきがあるため、生地を焼いても水分が保たれ、お好み焼きがふんわりと焼き上がるのです。

もちろん、ヤマイモがネバネバ物質を含んでいるのは、お好み焼きをふっくらさせて人間に喜んでもらうためではありません。ネバネバ物質によってイモの中の水分を保持することで、乾燥から身を守っているのです。

とろろ飯をかき込んでもいい理由

ヤマイモといえば、すりおろしたとろろを、ほかほかのごはんにかけて食べるとろろ飯を忘れてはいけません。

とろろ飯の醍醐味は、なんといっても豪快に口の中にかき込むことです。食事はよく噛んで食べるのが基本ですが、とろろ飯に限っては、こんな乱暴な食べ方でも大丈夫なのです。

じつは、ヤマイモには消化酵素のジアスターゼがたくさん含まれています。ジアスターゼは別名をアミラーゼといい、私たちの唾液にも含まれている消化酵素です。とろろ飯を噛まずに豪快に口の中にかき込んでも大丈夫なのは、食べ物を食べながら消化剤を飲んでいるようなものだからです。とろろには麦飯が合わせられますが、ヤマイモといっしょに食べれば、消化しにくい麦の栄養分も吸収されやすくなるので、たいへん理にかなっています。

同じイモであっても、ジャガイモやサツマイモ、サトイモなどは、加熱しないと食べられません。これらのイモに含まれるデンプンは、生のままでは消化しにくいため、火を通して消化しやすい形に変える必要があるからです。一方、ヤマイモは生で食べられるのが特徴です。ヤマイモにはデンプンを分解する消化酵素が含まれているため、加熱せず生のままでも大丈夫なのです。

また、先述のヤマイモのネバネバ物質は、私たちにとってはタンパク質の吸収を高めるはたらきもあります。このネバネバ物質は熱に弱いため、ヤマイモを生で食べるのは、栄養を摂取するうえでも非常に都合がよいのです。

それにしても、どうしてヤマイモはこんなにも消化酵素を持っているのでしょうか。ヤマイモは、私たち人間にたくさん食べてもらうために、消化酵素を含んでいるわけではありません。じつはヤマイモ自身も、デンプンを「消化」する必要があるのです。

デンプンを消化して得られる糖分は、成長のエネルギー源となります。そして、この糖分を利用し、ヤマイモは大きく育っていくのです。

立派に伸びたヤマイモを、収穫せずに土の中に置いておくと、イモの中に蓄積された栄養分でつるや葉が成長していきます。そして、一年経つとエネルギーが使い果たされ、イモはすっかりなくなってしまいます。その代わりに、古いイモのエネルギーによって伸ばした茎と葉で光合成を行い、新しいイモを作って、ふたたびデンプンをためこみます。

こうしてヤマイモは、貯蓄と消費を繰り返しながら、毎年、イモを大きくしていくのです。

どうしてかゆくなる？

ヤマイモをすりおろしていると、手がかゆくなって困ります。また、すりおろして、熱々のごはんにかけたとろろ飯はおいしいものですが、口のまわりがかゆくなることがあります。

どうして、ヤマイモが肌につくとかゆくなってしまうのでしょうか。

かゆみの原因は、ヤマイモに含まれるシュウ酸カルシウムです。ヤマイモをすりおろすと、ヤマイモの細胞が壊れて中からシュウ酸カルシウムの針状の結晶が出てきます。この針状結晶が人の皮膚を刺激して、かゆみを引き起こすのです。シュウ酸カルシウムは水に溶けないので、手や口を水で洗っても、なかなか、かゆみはおさまりません。

ただし、この成分は酸性の液体には溶けるので、酢水などで洗うとかゆみがやわらぎます。

ヤマイモがシュウ酸カルシウムを持っている理由ははっきりとはわかっていませんが、皮の付近に多いことから、イモを食害する動物から身を守っているのではないかとも考えられています。

そのため、皮を厚めにむくことで、かゆくなるのを防ぐことができます。また、皮をむいたイモを酢水につけておくと、かゆくならないばかりか、すりおろしたときのとろろの変色を防ぐ効果もあります。あるいは、すりおろしたとろろを一度冷凍保存すれば、シュウ酸カルシウムの結晶が壊れて、食べたときにかゆくなりません。

サトイモの皮をむくと手がかゆくなるのも、シュウ酸カルシウムのしわざです。しかし、シュウ酸カルシウムは熱で分解されるので、加熱調理するサトイモの場合、ヤマイモのように口のまわりがかゆくなることはありません。

ヤマイモは茎？　それとも根？

植物の体は、葉や茎、根などの器官からなりますが、イモという器官はありません。一般にイモと呼ばれるものは、植物の茎や根が太ったものです。

前に説明したように、ジャガイモのイモは茎が太ってできたものですし、サツマイモのイモは根が太ってできています。また、サトイモは茎が太ってできたものです。

それでは、ヤマイモはどうでしょうか。

ジャガイモのイモは茎なので、イモの表面には根が生えずにつるっとしています。これに対して、サツマイモは根なので、イモの表面には細かい根が生えています。ヤマイモを見てみると、サツマイモと同じように表面に細かな根が生えています。どうやら、ヤマイモも根のように見えます。

ところが、話はそれほど単純ではありません。じつはヤマイモのイモの維管束の構造は、根ではなく、茎と同じなのです。つまり、ヤマイモは根と茎の両方の特徴を持っており、茎でも根でもない担根体(たんこんたい)というはっきりしない器官の名前がつけられています。ヤマイモはなんとも不思議なイモなのです。

アオノリとはどんな植物なのか

青海苔(あおのり)と紅しょうがは補色関係

紅しょうがの赤色に映えて、お好み焼きに彩り(いろど)を加えるのが、青海苔です。

緑色と赤色とは、補色関係にあるので、青海苔の上に紅しょうががあることによって、赤色がより鮮やかに見えるのです。

お好み焼きを食べると、前歯に青海苔がついてしまいますが、それもご愛敬。青海苔は、お好み焼きになくてはならない存在です。

青海苔の材料となるアオノリとは、どのような植物なのでしょうか。

アオノリは、緑藻類に分類されるアオサ科アオサ属の海藻の総称で、さまざまな種類があります。

独特の香りと鮮やかな緑色が特徴である緑藻類は、光合成をするためのクロロフィル（葉緑素）を持っています。大昔の海中で初めて光合成を行うようになった植物が、海藻類です。これらの植物がやがて地上に上陸し、コケやシダのような植物に進化していきました。つまり、緑藻類は私たちが目にするキクやサクラなどの高等植物の祖先なのです。

色とりどりの海藻の仲間

アオノリは緑色ですが、ふつう海藻はさまざまな色をしています。たとえば海藻サラダには、赤い海藻や茶褐色の海藻が入っています。緑色ではないこれらの海藻は、クロロフィルで光合成をしていないのでしょうか。

植物が緑色をしているのは、クロロフィルが緑色の波長の光を吸収せずに反射するからです。クロロフィルが吸収するのは赤色や青色の光で、これらの光で光合成を行います。そして、残った緑色の光が反射され、緑色に見えるのです。

ところが藻類の場合は、緑色のクロロフィルに加えて、光合成を行うさまざまな色の色素を持っています。

たとえば、フィコビリンという色素は緑色を吸収するため、緑の補色である赤っぽく見えます。また、キサントフィルは黄色から褐色に見える色素です。

これらの色素によって、海藻はさまざまな色になるのです。

このフィコビリンやキサントフィルは、緑色ではありませんが、クロロフィルと同じように光合成をしているのです。

鮮やかな色素の理由

しかし、謎(なぞ)は残ります。

地上の植物はどれも緑色であるのに対して、どうして、海の中には色とりどりの海藻があるのでしょうか。

地上にはさんさんと太陽の光が降り注いでいます。しかし、海の中ではそうはいきません。海面に植物プランクトンがあると、海面でクロロフィルの光合成に必要な赤色や青色の光が吸収されてしまいます。そのため、残った波長の光でも光合成ができるように、海中の海藻はさまざまな色素を持っているのです。アオノリは、海の浅瀬や川の岩にへばりついています。アオノリがクロロフィルのみの緑色をしているのは、植物プランクトンに邪魔されることなく、太陽の光を浴びることができる生育条件にあるからなのです。

ところで、私たちが食べるワカメは緑色をしていますが、アオノリと同じ緑藻類ではありません。ワカメは褐藻類に分類されます。じつはワカメは、海の中では緑色ではなく、茶褐色をしているのです。

ワカメは、緑色のクロロフィルと、キサントフィルの一種であるフコキサンチンという茶色の色素を持っています。そのため、緑色と茶色が混ざって濃い茶色に見えるのです。

ところが、フコキサンチンは熱を加えると壊れてしまいます。一方、クロロフィルは加熱しても壊れることがありません。そのためワカメは熱を加えて調理すると茶色の色素が壊れて、緑色の色素だけが残るのです。だから、みそ汁の中のワカメは緑色なのです。

＊

鉄板の上で熱されて、それぞれの具材が個性を発揮。彩りに紅しょうがと青海苔を振りかけて、ふんわりアツアツのお好み焼きを「いただきます」。

救荒食からグルメメニューへ

そばの科学

関東のそば、関西のうどん

江戸でそばが好まれた理由

関東（東京周辺）ではそばがよく食べられるのに対して、関西（大阪周辺）ではうどんが好まれる傾向にあります。もちろん、関東も関西も、そばとうどんの両方を食べられますが、関東では「そば」と書かれたそば屋の看板が多いのに対して、関西では「うどん」と書かれたうどん屋の看板が多いようです。

江戸時代の初め頃までは、関東でも関西でも、麺類（めんるい）といえば主にうどんでした。当時は、そばは麺ではなく、そば粉をこねて餅（もち）状にしたそばがきを、ダイコンのおろし汁につけて食べていました。そのため、うどんに比べると人気がありませんでした。「そば喰い」と称してそばにこだわる人たちまでいるほど、グルメな食べ物として定着したそばですが、もともとは飢饉（ききん）のときの救荒食だったのです。

現代では日本一の大都市である東京も、徳川家康が入るまでは、東国の寒村にすぎませんでした。関東ローム、すなわち火山灰土壌のため土地がやせていて、作物を作るのにはけっして適した場所ではなかったからです。

江戸幕府が開かれて江戸の町が整備されても、関東近縁の土地がやせていることに変わりはなく、米や麦を育てるには不向きなままでした。だから、やせた土地でも育つソバが栽培されていたのです。

じつは効率の悪い食料

ソバは中国を原産地とする作物ですが、アジアだけでなくヨーロッパ、北米など、海外でも山間地を中心に広く栽培されています。やせた土地でも旺盛(おうせい)に育つ強さを持ち、栽培期間も短いので、イネや麦などの栽培が困難な地域では、昔から重要な作物だったのです。そして、日本でうどんに対してそばが作られるように、ヨーロッパでは麦が作れない場所での代用品として、ソバを原料としたパスタやクレープ、ピザなどが食べられています。

作物の栽培に不向きな土地で作られることの多いソバですが、不思議なことがあります。じつは、食料生産の観点から言うと、ソバはけっして効率の良い作物ではないのです。ソバの収穫量は、農業技術の発達した現代でも、一〇アールあたりわずかに五〇～六〇キログラム程度にすぎません。これは、イネの収穫量が五三〇～五四〇キログラム程度、雑穀のヒエでさえも二〇〇キログラム程度あるのと比べると、いかにも少ない数字です。

イネや麦、大豆などの主要な作物は、自殖性の植物です。自殖性植物は自分の雄しべの花粉を自分の雌しべにつけて、確実に結実します。これに対して、ソバは他殖性植物なので、ミツバチなどの昆虫が他のソバの花粉を運んで受粉してくれないと、結実することができません。実際に、ソバの結実率はわずかに一～三割程度です。

それればかりか、ソバは開花期間が長く、下の花から順番にだらだら咲いていきます。七五日しかない短い栽培期間のうち、開花している期間が二五日もあるのです。次々に花が咲いていくため、まだ咲いていないつぼみがある一方で、早く咲き終わった花は結実して、熟したものからこぼれ落ちて収穫できなくなってしまいます。

そのため、ソバはたくさんの収穫量を期待できないのです。

ソバが救荒食に選ばれた理由

こんなに効率の悪い作物なのに、多くのやせた土地ではソバが盛んに作られました。

じつは、ソバには他の雑穀にない優れた特徴があるのです。

救荒作物というと、ヒエやアワ、キビなどイネ科の雑穀が思い浮かびます。しかし、ヒエやアワ、キビなどの雑穀が、どんなに栄養価が高く、優れた作物だとしても、天候不良で穂が実らなければ、食用にすることはできません。葉を食べようとしても、イネ科の植物は葉が堅く人間が食べることはできないのです。なにしろ、イネ科植物は草食動物に食べられないように茎や葉を堅く進化させてきました。だから、イネ科植物の草原が発達するヨーロッパでは、イネ科植物を牧草として家畜に食べさせて、肉や乳を食用にする牧畜文化が発達しました。

ところが、ソバは違います。刺身のつまなどに用いられるタデと同じタデ科の植物なので、茎や葉はやわらかです。そのため、たとえ不作で実が熟さないようなときでも、茎や葉を食用にすることができるのです。

だから、実を収穫した場合にも、脱穀した後の茎や葉を干して保存食にしました。そして、実の収穫量は少なくても、茎や葉を考えればかなりの量の食料となります。そして、どんな不作でも食用となるソバは、救荒作物としてきわめて優れていたのです。

「くだらない」しょうゆがそばを変えた

もともと救荒食であったそばは、江戸の食文化として一気に花開きます。いったい、そばに何があったのでしょうか。

救荒食にすぎなかったそばの地位を、グルメの座にまで押し上げた立役者は、濃口しょうゆでした。

当時の関東は、京や大坂をはじめとした関西（上方）に比べ歴史が浅く、文化的蓄積も少ない地域でした。商品の品質も上方のほうが良く、あらゆる物産が江戸へと送られていました。そして、上方から来る（下ってくる）ものは、「下りもの」と呼ばれて重宝されていたのです。

一方、関東で作られた品質の悪いものは「下らないもの」と評されました。現代でもつまらないものを「くだらない」というのはそのためです。

しょうゆもまた、上方からの「下りしょうゆ」が珍重されました。しかし、「下りしょうゆ」は値段が高く、とても庶民の口に入るものではありませんでした。この頃、関東に送られていたのは、大豆だけで作られた溜(たま)りしょうゆに近いものだったと考えられています。

一方、関東のしょうゆには、大豆だけでなく小麦も使われていました。関東平野は火山灰土壌の台地から形成され、水の確保が困難なため田んぼが少なく、畑を利用して小麦がたくさん栽培されていました。そのため、この豊富な小麦を大豆に加えてコクを増した「地回りしょうゆ」と呼ばれるものが作られたのです。これが後の濃口しょうゆです。

関東でとれる魚は、青魚や赤身の魚など、臭みのある魚が中心です。香りの強い濃口しょうゆは、まさに江戸前の魚にぴったりでした。また、火山灰のやせた土地で栽培される江戸近郊の野菜の味は、けっして良いとは言えませんでしたし、寒冷な土地では、冬場は長期保存して味の落ちた野菜を食べなければなりませんでした。だから、味の濃いしょうゆが適していたのです。

一方、関西に近い瀬戸内海ではあっさりした白身の魚が豊富にとれます。また、気候が温暖で土壌が肥沃(ひよく)なため、質の良い野菜が一年を通して豊富に生産されていました。そのため、素材の味の良さを生かすように、淡口(うすくち)しょうゆが発達したのです。

救荒食から食通のグルメな食べ物へ

ところが、「くだらない」と言われた関東で作られる香りの強い濃口しょうゆと、赤身の鰹節(かつおぶし)から作られる濃厚なつゆは、味気のないそばをなんとも旨(うま)い料理へと仕立て上げました。

つゆが濃いため、麺をちょっとだけつゆにつけて一気にすすり込むのが、そばの醍醐味です。そしてそばの味というよりも、のどごしと、口から鼻に抜けるそばとつゆの風味を楽しむ文化が生まれました。このもりそばのスタイルが粋だと江戸っ子に受けて、救荒食であったそばは、ついに人気のグルメメニューへとのし上がったのです。

ちなみに関西では、そばよりうどんが好まれます。小麦の栽培には、温暖で雨が少ない気候が適していたので、瀬戸内では品質の良い小麦が作られました。そのため、関西では香りが良い上質なうどんが作られ、麺そのものの味を競うようになったのです。

このうどんには、素材の風味を生かす淡口しょうゆがぴったりです。さらに、だしの種類も異なりました。関東では鰹節でだしが取られていたのに対し、関西では、北海道から北前船で関西に運ばれていた昆布が使われていました。この昆布でだしをとり、淡口しょうゆを加えてつゆを作り、あっさりとした味に仕上げられました。そして吸い物のように飲み干せるうどんのつゆができあがったのです。

日本の麺文化を二分する関東のそばと関西のうどんは、それぞれの風土によって育まれた、まったく性格を異にする食べ物なのです。

そば湯はどうして体にいいのか

健康成分のルチンが溶け出している

そばを食べるとそば湯が出されます。そば湯は、そばをゆであげたお湯のことです。このゆで汁を、そばを食べ終わって残ったそばつゆに足して飲むのです。

そば湯は江戸時代から飲まれていました。ソバのタンパク質の多くは水溶性なので、ゆでるときに湯の中に溶け出してしまいます。このタンパク質が、そば湯をおいしくするのです。

また、ソバに含まれる健康成分のルチンも、一部はそば湯の中に溶け出しています。ルチンは抗酸化機能を持ったポリフェノールです。前に紹介したアントシアニンもポリフェノールの一種です。ポリフェノールは、植物が、植物内部で発生させた活性酸素を除去するための物質です。活性酸素は人間の体内でも発生しており、細胞を傷(いた)めたり、老化させたりしています。そのためポリフェノールを摂取することで、人間も肌の潤(うるお)いが保たれたり、細胞の老化が抑制されたりするのです。

一つの物質にさまざまなはたらきがある

植物が、人間の体に良い作用をもたらす抗酸化物質を持つのは、植物自身の防御機能のためでした。しかし、ソバのルチンには、もっと別の効果もあります。ルチンには、毛細血管を強化して内出血を防ぎ、血圧を下げるはたらきもあるため、そばを食べていると脳溢血(のういっけつ)になりにくいとされています。

どうしてソバには、こんなにも人間の体に良い物質が含まれているのでしょうか。ソバに限らず、植物は人間の健康に有効なさまざまな物質を持っています。

植物は生きていくために、さまざまな物質を作り出しています。しかし、そのためには、それなりの材料とエネルギーが必要になります。目的ごとに一つ一つ物質を作っていたら、とても間に合いません。だから植物は、一つの物質でさまざまな効果を上げられるよう、多機能な物質を作り出すようになりました。

たとえばアントシアニンは、前に紹介したように活性酸素を除去する抗酸化物質ですが、同時に病原菌の増殖を抑える抗菌物質でもあります。サツマイモの皮に赤紫色のアントシアニンが蓄積されているのは、イモを守るためです。

また、アントシアニンの赤紫色は、花びらを染めて花粉を運ぶ虫を惹(ひ)きつけたり、果実を染め上げて種子を運ぶ鳥を呼び寄せたりする色素としても使われます。バラの花を赤く染めるのもアントシアニンですし、ブドウの果実の紫色もアントシアニンによるものです。

さらにアントシアニンには、紫外線を吸収し、紫外線から体を守るはたらきもあります。また、乾燥や寒さで環境ストレスが強まると、アントシアニンが細胞の大部分を占める液胞内の水分に溶け込むことで浸透圧を高め、乾燥時の細胞の保水力を高めたり、低温時の凍結を防止したりする役割もあります。

このように植物は、一つでさまざまに利用できる多機能な物質を好んで作ります。そんな多機能な物質が、人間の体内に入ると、思いもかけない効果をもたらすことがあるのです。

真夏の熱い戦い

ソバは、種まきから収穫までの期間が短いので、年に二回栽培することが可能です。そのため、春に種子をまいて夏に収穫する夏ソバと、夏に種子をまいて秋に収穫する秋ソバとがあります。

一般的に夏の暑い盛りにできる夏ソバよりも、涼しい時期に育つ秋ソバのほうが、風味や色合いも良く、品質が高いとされています。そのため、「新ソバ」と呼ばれるのは、初めに収穫された夏ソバではなく、遅れて収穫された秋ソバのほうです。ところが、秋ソバよりも夏ソバのほうが、健康成分であるルチンの含有量が多いことが知られています。

夏の強い紫外線は、植物にとっても有害です。強い日ざしを浴びると、植物の細胞からは活性酸素が発生します。この活性酸素を除去するために、抗酸化物質のルチンが大量に作られます。

また、活性酸素は防御物質でもあります。夏は害虫や病原菌も多いため、害虫や病原菌の食害を受けたソバは、活性酸素を盛んに発生させます。こうした活性酸素を取り除くために、抗酸化物質のルチンもまた盛んに生成されるのです。

つまり、過酷な環境に育った夏ソバは、食味では落ちるものの、戦い続けた身体（からだ）に、健康成分のルチンを大量に蓄えているのです。

ルチンは、紫外線や病原菌から身を守るための成分なので、ソバの実の外側の殻に多く含まれます。そのため、ソバの実の中心部のみを使う一番粉は、食味は高い一方で、ルチンは少ない傾向にあります。逆に、ふるいに残った三番粉は食味や食感は劣るものの、甘皮の部分を含んでいるため、香りが強くルチンの含有量も多くなります。

ネギの葉の表はどっち?

関東の白ネギと関西の青ネギ

そばの薬味として欠かせないのがネギです。

そばとうどんの文化が関東と関西で違ったように、ネギにも関東と関西で大きな違いがあります。

関東で好まれるのは、香りの強い白い長ネギです。シャキシャキとした歯ごたえと辛みがたまりません。一方、関西で使われるのは、やわらかくて青い葉ネギです。細かく刻まれた青ネギは彩り(いろど)もよく、サクサクした食感がなんともいえません。

長ネギも葉ネギも、それぞれ中国から日本に伝わりました。

もともと中国大陸では、北方地域では寒さに強い長ネギを栽培し、暖かい南方の地域では暑さに強い葉ネギを育てていました。それが日本にもたらされて、関東では白い長ネギが、関西では青い葉ネギが栽培されるようになったのです。

長ネギは俗に白ネギと言いますが、もともと白かったわけではありません。長ネギは、ネギの成長に合わせて土をかぶせて（「土寄せ」と言います）育てます。すると、土の中にある光の当たらない部分が白くなるのです。ネギが成長してくると、新たに伸びた部分は地中から出てきます。そこで、この成長部分に土寄せを繰り返します。こうして、白い部分を長く伸ばしていくのです。ちなみに長ネギの白い部分は茎のように見えますが、実際には葉鞘（ようしょう）と呼ばれる葉の一部です。長ネギも土寄せせずに太陽の光を当てて育てれば、ちゃんと青々としたネギになるのです。

火山灰土壌である関東ロームでは、土を深く掘ったり、土寄せするのが容易です。その土壌条件が長ネギの特殊な栽培を可能にしています。もちろん、こんなに手間のかかる栽培は、単に物珍しいものを作るためだけに行われたわけではありません。もともとは、土をかぶせることによってネギを寒さから守ろうとした工夫から始まっていたのです。

ネギの葉は円筒状に丸まっている

輪切りにされたネギを見ると、中が空洞で筒のようになっています。さて、筒のようになったネギの葉には、表と裏があるのでしょうか。

もちろん、ネギの葉にも表と裏があります。じつは、筒の外側の見えている部分が葉の裏側で、筒の内側が表側なのです。

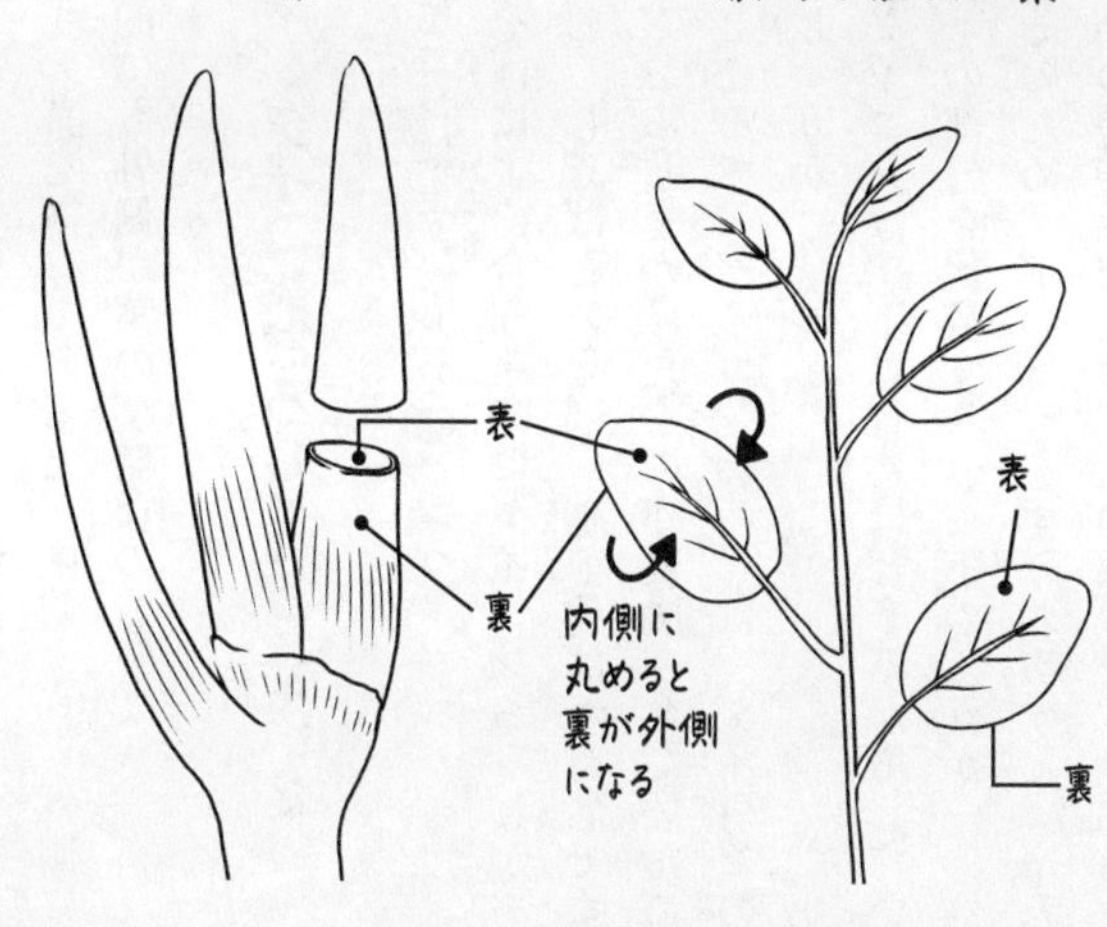

ふつうに考えれば、外側が表で、内側が裏になりそうです。どうして、外側が裏になるのでしょうか。

一般的な植物を考えると、新しい葉は茎に沿って生えてきます。この葉が展開すると、茎に対して内側にあったほうが上側になり、葉の表となります。逆に、展開前に外側にあったほうは、葉が展開すると下になり、葉の裏となります。つまり、外側が葉の裏となるのです。

ネギの葉は、内側に丸まった葉の先がつながって円筒状になったものです。だから内側が表になるのです。そういえば、外側よりも内側のほうが緑色が濃く、葉の表側のような感じがします。

蒸散や、光合成や呼吸のため空気の交

換を行う植物の気孔は、葉の表側よりも裏側に多いという特徴がありますが、実際にネギの葉を調べてみると、内側よりも外側に気孔が多く分布しています。つまり、形態的にも外側が葉の裏側なのです。

ダイコンおろしはなぜ辛い？

ダイコンは上と下とで味が違う？

そばによく合う薬味にダイコンおろしがあります。おろしそばといえば、越前（えちぜん）そばが有名ですが、もともとは救荒食としてそばにダイコンおろしをかけたものが奨励されていたことに由来するようです。ところで、ダイコンおろしは、ダイコンの部位によって味が違うと言います。本当でしょうか。

ダイコンは、下に行くほど辛みが増していきます。ダイコンの一番上の部分と、一番下の部分を比較すると、下のほうが一〇倍も辛味成分が多いのです。

そのため、下のほうをすりおろすと、辛みの強いダイコンおろしになります。逆に、辛いのが苦手な人は、上の部分をすりおろすと辛みの弱いダイコンおろしを作ることができます。

どうして、一本のダイコンの中で、これだけの違いが出るのでしょうか。

その秘密を探るために、ダイコンの可食部位について考えてみることにしましょう。

「大根」は大きな根？

植物の体は、根や葉、茎などの器官からできています。

私たちがふだん口にする野菜も植物ですから、植物の器官のいずれかを食べていることになります。この食べられる部分を可食部位と言います。たとえば、キャベツやレタスは葉の部分を食べますし、トマトやナスは実の部分を食べています。

それでは、ダイコンはどこの部分を食べているのでしょうか。

漢字で「大根」と書くくらいですから、根のように思えます。しかし、そんなに単純な話ではありません。

スプラウトとして売られているカイワレダイコンは、芽生えた直後のダイコンです。開いた双葉の形が貝に似ていることから「貝割れ」と呼ばれています。このカイワレダイコンが大きく育つと、私たちが食べるダイコンになるのです。

カイワレダイコンを観察してみると、根と葉の間に、茎が伸びています。ではこの

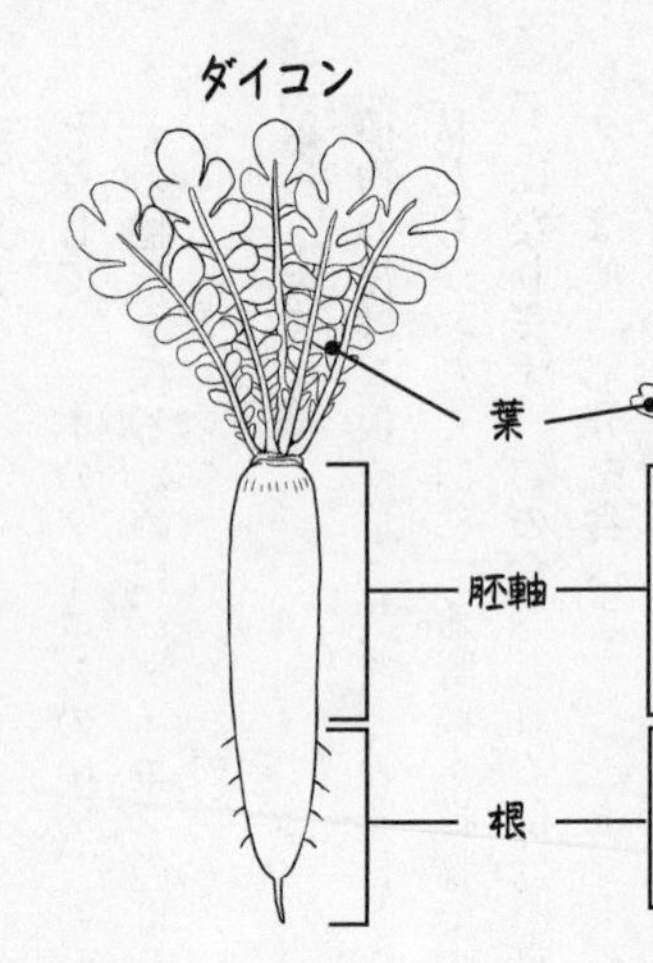

茎の部分は、ダイコンに成長すると、いったいどうなってしまうのでしょうか。

双葉の下に伸びている茎は、胚軸(はいじく)と呼ばれます。じつはダイコンは、根と一緒に胚軸が太ってできているのです。

ダイコンをよく見ると、下のほうには、細かい根がついていたり、根のついていた跡に穴があいていたりします。この下の部分は根が太ってできたものです。ところが、ダイコンの上のほうには根の跡がなく、すべすべしています。この上の部分は、根ではなく胚軸が太ってできているのです。

ダイコンの上手な食べ方

ダイコンの上部（胚軸）と下部（根）では器官が違うのですから、もちろん味も異なります。

胚軸は、根で吸収した水分を地上に送り、地上で作られた糖分などの栄養分を根に送る役割をしています。そのため、胚軸の部分は水分が多く、やわらかくて甘いのが特徴です。一方、地面の深いところに伸びたダイコンの根の部分には、土の中の虫や病原菌から身を守るために、辛味成分が蓄えられています。

だから、ダイコンの上のほうをすりおろすと辛みの弱いダイコンおろしになり、下のほうは辛みの強いダイコンおろしになるのです。

料理に用いるときにも、サラダや野菜スティックなどを作るときには、上の部分を使うとダイコンの甘みを楽しむことができます。ふろふきダイコンを作るときも、甘くてやわらかい上の部分が適しています。

一方、みそおでんやぶりダイコンなど、濃い味付けをするときには、ダイコンの辛みを活かした下の部分が適しています。

また、ダイコンを外敵から守る辛味成分は、ダイコンの皮に近い部分に蓄積されるため、辛くないダイコンおろしを作りたいときには、ダイコンの内側の部分を使います。逆に、ダイコンの皮をむかずにすりおろすと、辛いダイコンおろしを作ることができます。

ダイコンおろしはなぜ辛い

ダイコンの辛みの元になる成分は、グルコシノレートという物質です。ところが、このグルコシノレート自体は辛くありません。

虫や動物にかじられて、細胞が破壊されると、細胞中のグルコシノレートが細胞の外にあった酵素によって化学反応を起こし、辛みを持つイソチオシアネートという物質が生成されます。ちょうど、使い捨てカイロの袋を振ると、中の鉄と外の酸素が化学反応を起こすのと同じような状態です。

このようなダイコンの防御システムは、虫や動物の食害を受けたときに、はじめて辛みを発揮する仕組みになっています。あの辛みは非常時の防御物質なのです。

そのため、細胞を壊せば壊すほど、辛みは増すことになります。だからダイコンを力強く直線的にすりおろすと、細胞が細かく破壊されて、より辛みが強くなります。逆に辛くないダイコンおろしを作りたければ、円を描くようにやさしくすりおろしましょう。破壊される細胞が少なくなり、辛みが抑えられます。

「ダイコン役者」と呼ぶのはなぜ?

下手な役者のことを「ダイコン役者」と言いますが、これもダイコンの持つ成分が関係しています。

すでに紹介したように、ダイコンは身を守るために、抗菌性や殺菌性のある辛味成分を持っています。だから、ダイコンを食べても食あたりしないのです。また、消化酵素も含まれており、食べすぎてもおなかをこわすことはありません。そのため、「けっして当たらない」という意味で「ダイコン役者」と呼ばれるようになったのです。

刺身のつまとしてダイコンの千切りを添えたり、青魚の焼き魚にダイコンおろしを添えたりするのも、食あたりを防ぐ効果があるからです。

ちなみに、ダイコンの千切りを「千六本（せんろっぽん）」と言うのは、一〇〇〇本くらいに細かく切るという意味ではなく、中国語の「繊蘿蔔（センロウポ）」に由来しています。繊蘿蔔の「繊」は「細かく切った」という意で、「蘿蔔」は中国語でダイコンのことです。

消化を助けるダイコンおろし

ダイコンおろしには、消化を助けるはたらきがあることも知られています。

そのため、そばやうどんはもちろん、お餅や魚料理にも添えられます。また、天ぷらや和風ハンバーグ、鶏肉のみぞれ和えなど、油が多く消化の悪い料理にもよく合います。ダイコンはデンプンを分解するジアスターゼ、タンパク質を分解するプロテアーゼ、脂肪を分解するリパーゼなど、さまざまな消化酵素を含んでいます。

ただし、これらの酵素は加熱すると壊れてしまうため、ダイコンおろしのように生のまま食べる必要があるのです。

ダイコンの持つ消化酵素は、人間のだ液や胃腸で分泌される消化液に含まれる酵素と同じです。

どうしてダイコンが、人間の消化を助ける酵素をたくさん持っているのでしょうか。

ダイコンが太るのは、人間に食べてもらうためではありません。前に紹介したように、太ったダイコンは、もともとは冬越しするための姿です。ダイコンは冬の間に、暖かな地面の下に栄養分を蓄えます。そして、春になるとその栄養分を使って茎を伸ばし、花を咲かせるのです。ただし、蓄えた栄養分はそのままの状態では利用できず、一度、分解しなければなりません。そして、分解のさいに必要なのが消化酵素です。だからダイコンは、たくさんの消化酵素を持っているのです。

似て非なるダイコンとニンジン

もみじおろしはどうして赤い？

そばに入れるダイコンおろしには、赤く色づいた「もみじおろし」と呼ばれるものがあります。

もみじおろしには、二つの種類があります。

一つはダイコンに穴をあけてトウガラシをつめて、いっしょにすりおろしたものです。紅葉色の彩りが美しく、ぴりっとした辛みがきいた薬味です。

トウガラシを使ったもみじおろしは、主に鍋物（なべもの）や湯豆腐などに使われます。

これに対して、そばの薬味として用いられるもみじおろしは、多くがダイコンおろしとニンジンをすりおろしたものを混ぜて作られています。

ニンジンを混ぜる理由は、彩りを良くするためです。先に紹介したようにニンジンのオレンジ色は、食欲をそそる効果があります。また、ダイコンおろしとニンジンおろしを別々に添えておけば、紅白の色となり、縁起が良いという意味もあります。

じつはかつては、ダイコンおろしとニンジンおろしは、栄養的にはあまり適さない組み合わせだと言われていました。ニンジンに含まれるアスコルビン酸酸化酵素（アスコルビナーゼ）にはビタミンCを酸化させるはたらきがあるので、混ぜ合わせてもみじおろしにすると、ダイコンに含まれていたビタミンCが壊れてしまうと考えられていたのです。

ところが近年、ビタミンCは酸化されても、人体の中での効力は変わらないということが判明し、もみじおろしにしても、栄養的に問題ないことがわかりました。安心して、ニンジンとダイコンで作ったもみじおろしを薬味に、そばを楽しんでください。

ニンジンの根の秘密

畑でダイコンを見ると、上の部分が地上にはみ出して生えています。ところが、ニンジンは地上にはみ出さず、すべて地中に埋まっています。この違いは、どこから来ているのでしょうか。

ニンジンは肥大するのに伴って、牽引根（けんいんこん）という細い根が生えてきます。この根が収縮することで、ニンジンを地中の下のほうに引き込み、地面の上にははみ出さないようにしています。だからニンジンは、ダイコンのように土の上には出ないのです。この仕組みは、地上の寒さから身を守るためのものであると考えられています。ニンジン

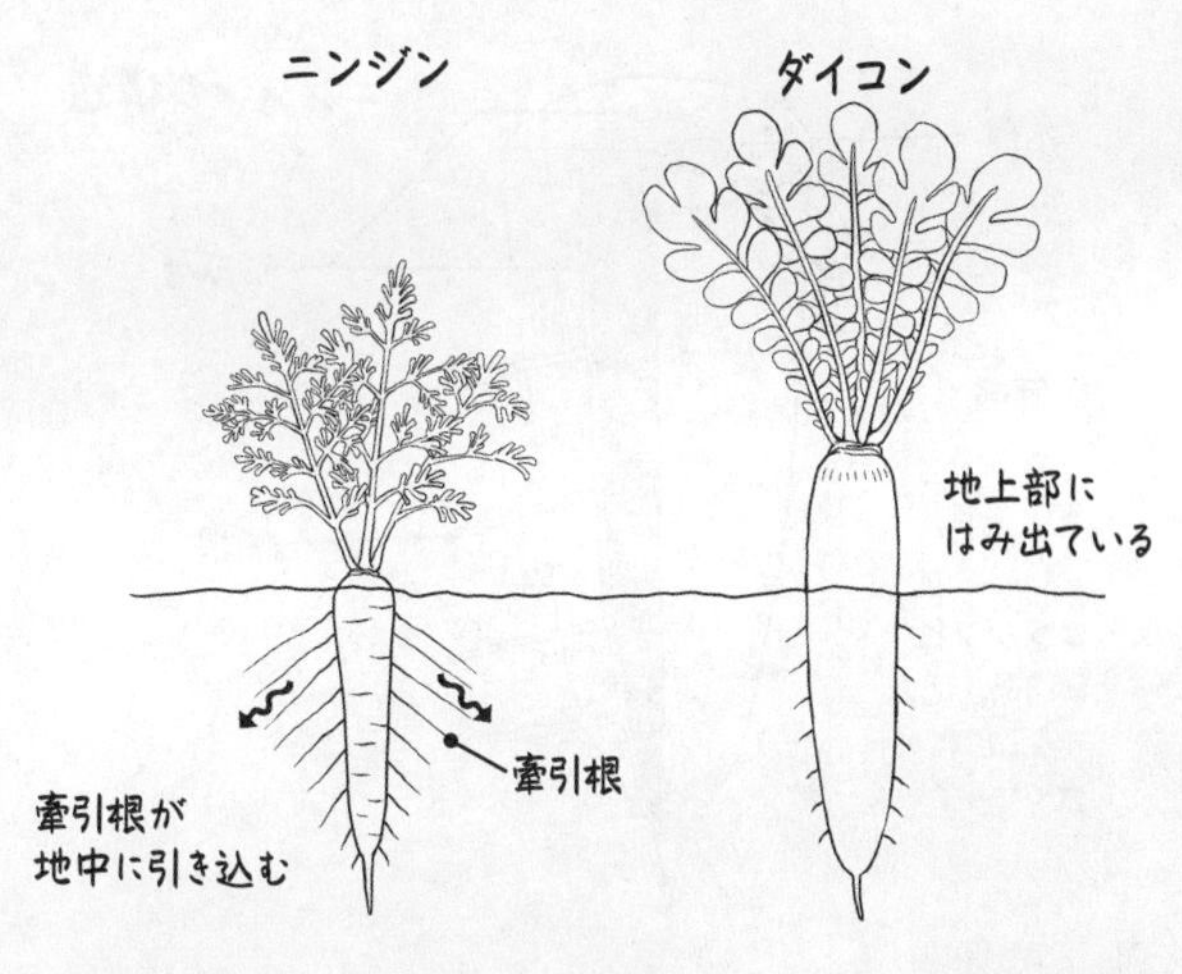

の原産地は中央アジアです。おそらくは、寒さの厳しい大陸性の気候の中で生き抜くために、ニンジンは牽引根を生やすようになったのです。

ダイコンやニンジンの根の跡を観察してみることにしましょう。

これらの野菜の表面に見られる根の痕跡は、でたらめに並んでいるわけではありません。興味深いことに、ちゃんと規則性にしたがっています。ダイコンを見ると、根の痕跡は両側に二列になってきれいに並んでいます。これに対して、ニンジンは、四方向に並んでいるのです。

ニンジンとダイコンの食感の違い

ニンジンを輪切りにしてみると、輪切り

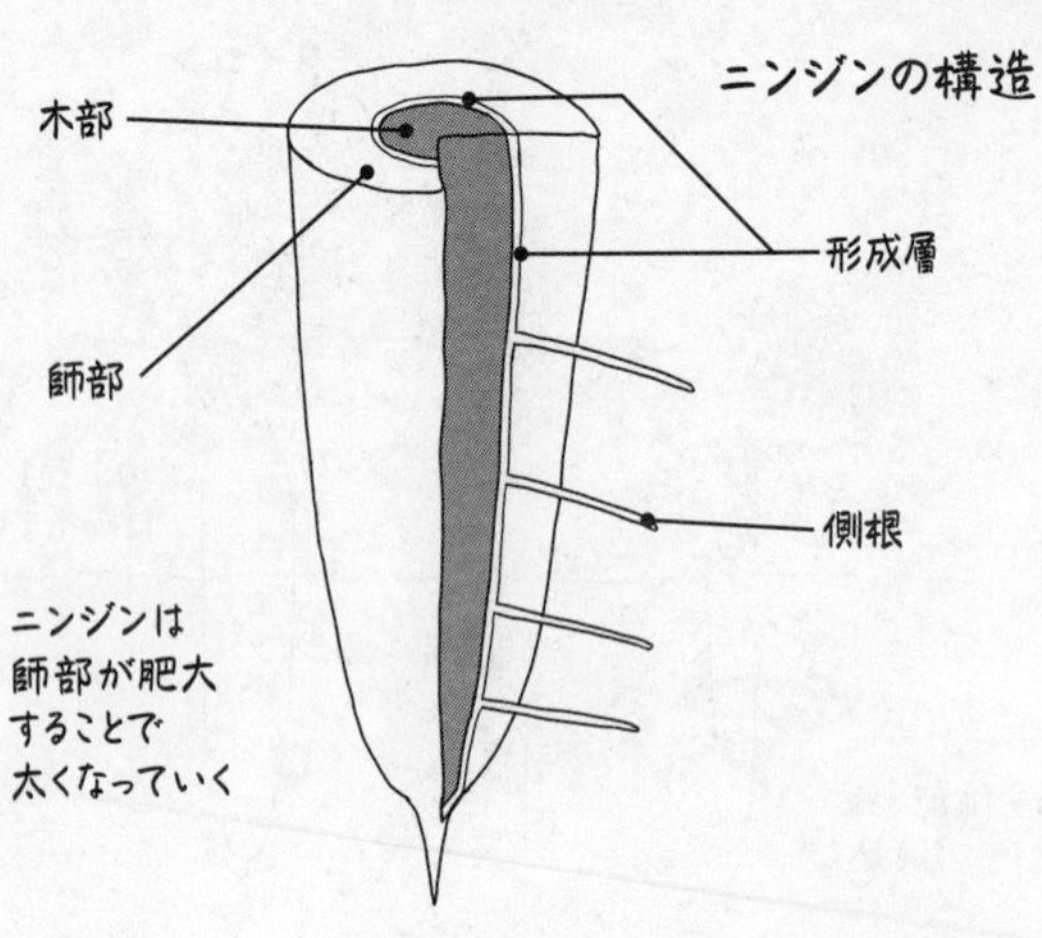

にした断面には木の年輪のような同心円がありますこの円が、形成層と呼ばれる部分です。形成層の内側には、側根で吸った水を地上へ伝える導管が通っています。

今度は、側根の痕跡に沿って、ニンジンを縦に切ってみましょう。側根は内側につながっていて、導管がある形成層にまで達していることがわかります。つまり、ニンジンは主にこの形成層の外側の部分（師部）が肥大して大きくなっているのです。

これに対して、ダイコンはどうでしょうか。輪切りにしたダイコンの断面には、ニンジンのような同心円は見られません。じつは、ダイコンの形成層は皮のごく近くにあるのです。つまりダイコンは、ニンジンとは逆に、形成層の内側の部分（木部）が肥大してできているのです。

ニンジンはしっかりとした歯ごたえがあるのに対して、ダイコンは、根で吸った水を吸い上げる木部の部分がふくらんだものなので、みずみずしく、やわらかい食感をしています。

ワサビがツーンとする理由

意外に少ない日本生まれの野菜

そばになくてはならないものに、ワサビがあります。

そばとワサビの組み合わせは、すでに江戸時代からあったといいます。鼻に抜けるすがすがしい香りは、そばの香りを引き立てます。

夏の食欲のないときには、ワサビの辛みが食欲をそそります。しかし、誤って多量に口に入ると鼻にツーンと来ます。こうなると涙がこぼれてとまりません。そのため、寿司(すし)屋の符丁では、お茶のことを「あがり」、しょうゆのことを「むらさき」と言うのと同じように、ワサビのことは「なみだ」と呼びます。

トウガラシでは、辛くて汗が出ることはあっても、涙が出ることはありません。ワサビの辛さは、トウガラシとはまた別の独特の辛さなのです。

私たちの身の回りの野菜は、ほとんどが外国原産です。たとえば、ダイコンは地中海沿岸が原産地ですし、ナスやキュウリはインドです。その中で、フキやウドと並んで、ワサビは数少ない日本原産の野菜です。

ワサビの学名は、「Eutrema japonicum」ですが、かつては「Wasabia japonica」（ワサビア・ジャポニカ）とされていました。これは「ニッポンのワサビ」という意味です。また、ワサビは英語でも「Wasabi」と言います。まさに、ワサビは日本を代表する野菜なのです。発熱するようなトウガラシの辛さに対し、ワサビの辛さは、鼻に抜ける涙の出る辛さです。涙を浮かべながら辛さに耐え忍んでいる様子は、辛抱強い日本人を思わせるとも評されます。

ワサビの英語名というと「ホースラディッシュ」を思い浮かべる人がいるかもしれませんが、じつはホースラディッシュはワサビダイコンという別の植物です。西洋ワサビや山ワサビなどとも呼ばれています。ホースラディッシュもワサビと同じ辛味成分を持っていますが、残念ながら緑色ではなく、ダイコンのように白い色をしているので、こちらを原料にしたチューブのワサビや粉ワサビは、緑色に着色をしてあります。

ワサビはどうして辛いのか？

チューブのワサビも悪くありませんが、やはりおろしたてのワサビは最高の贅沢です。ワサビの辛味成分は揮発性ですぐに消えてしまうので、おろしたてのほうが風味が強くなります。

ワサビの辛みの基は、シニグリンという物質です。ただし、シニグリンそのものに辛みはありません。ワサビをすりおろすと細胞が壊れて、細胞の中にあったシニグリンが細胞の外にしみ出てきます。すると、シニグリンが細胞の外にある酵素によって分解されて、揮発性のアリルカラシ油という辛味物質に変化するのです。

これらの物質は、もともとは虫に食べられないようにするための防御物質ですから、虫にかじられて細胞が壊れると、辛みを発揮するように工夫されています。そのため、細胞を壊せば壊すほど辛みは増すことになります。

これは、すでに紹介したタマネギやニンニク、ダイコンが持つ防御システムと同じです。

ワサビをするときには鮫肌のオロシ板を使いますが、これにも理由があります。きめの細かい鮫肌ですると、それだけ細胞がたくさん壊れるので辛みが強くなるのです。

海苔（のり）はどうして黒いのか

もりそばとざるそばの違い

もりそばとざるそばの違いは、どこにあるでしょうか。一方、もりそばは海苔がのっていません。現代では、ざるそばとともりそばの違いは、刻み海苔の有無にあります。

ざるそばの上には、刻み海苔がのっています。その違いは、刻み海苔の有無にあります。そのため、好みによって海苔の有無を選べるようになっているのです。

海苔は風味が強いため、ともするとそばの香りを消してしまいます。そのため、好みによって海苔の有無を選べるようになっているのです。

しかし、もりそばとざるそばが海苔の有無によって分けられるようになったのは、近年のことです。もともとはその名のとおり、せいろに盛ったそばが「もりそば」で、ざるに盛ったそばが「ざるそば」でした。ただし、ざるそばのほうがもりそばよりも高級という考え方もあり、「ざるそば」には一番だしを使うのに対して「もりそば」には二番だしを使ったり、「ざるそば」のほうが上質のそば粉を使うこともあったようです。

そして、高級さのしるしとして、いつしかざるそばには海苔がのせられるようになったのです。

海苔はどうして黒い？

ノリはれっきとした植物です。私たちが食べる海苔は、ウシケノリ科アマノリ属の植物です。

しかし、黒い植物なんてあるのでしょうか。

ノリは、緑色、黄橙色、鮮紅色、紫青色の四つの色素を持っています。この四つの色素が合わさって、ノリは赤黒い色をしています。

ノリは、江戸時代に養殖技術が確立し、和紙の紙すきの技術を利用して、紙状に加工されるようになりました。これが現在の板海苔です。

板海苔は、赤黒いノリの葉が重ねられているため、色が黒くなるのです。

ところが、板海苔をあぶって焼き海苔にすると、緑色っぽい色に変化します。ノリが持つ色素のうち、鮮紅色と紫青色は熱に弱く分解されるため、緑色と黄橙色の色素だけが残って緑色になるのです。

一方、海苔が湿気(しけ)ると、緑色の色素が失われるため、赤紫色に変化してしまいます。

海苔と糊（のり）の不思議な関係

橋（はし）と箸（はし）、蛸（たこ）と凧（たこ）など、日本語には同音異義語がたくさんあります。食べる海苔に対しては、紙を張り付ける糊があります。そして、海苔と糊は、同じ言葉に由来するといわれています。

海藻類は独特の多糖類を含むため、ぬるぬるして粘性があります。じつは奈良時代には、この海藻類の粘りを、紙を張り合わせるのに利用したのです。「のり」という言葉は、「ぬるぬる」などの言葉が変化してできたと言われています。「糊」の字に米偏がつくことからも分かるように、米のようなデンプン質状のものを「のり」と言いました。

デンプンは水を加えて加熱すると粘りがでます。そのため昔はごはん粒をつぶして糊として使いました。そして、海苔と糊とは、同じような性格をもつことから、どちらも「のり」と呼ばれるようになったのです。

＊

人々を飢えから救った救荒食も今は昔。厳選されたそば粉に、香り高いだしと風味豊かな薬味で、ざるそばをおいしく「いただきます」。

お寿司を守る植物たち

お寿司の科学

どうしてハランを入れるのか

お寿司はもともと保存食だった

日本人の好物といえば、なんと言ってもお寿司でしょう。

今でこそ、新鮮な刺身をのせた握り寿司を手軽に食べられるようになりましたが、冷蔵技術のなかった昔は、生の魚を食べるのは簡単なことではありませんでした。特に、日本は高温多湿ですから、食べ物が傷みやすかったのです。

寿司の起源をたどると、もともとは魚を保存するための技術でした。鮒寿司に代表されるなれ寿司のように、ごはんを発酵させて魚を保存させたのが、寿司の始まりなのです。

食べ物が傷むのは、雑菌が繁殖して腐敗させてしまうからです。そのため、あらかじめ無害な発酵菌をはびこらせ、雑菌を寄せ付けないようにするのが発酵技術です。

納豆やしょうゆ、みそ、糠漬けなどは、すべて発酵菌で発酵させた食べ物です。この、乳酸菌なれ寿司として魚を保存するさいに活躍した発酵菌が、乳酸菌です。ただしなれ寿司は、乳酸発酵の栄養源とするために添えられたのが、ごはんでした。ただしなれ寿司は、乳酸発酵しているため、においがきついのが特徴でした。

やがて江戸時代になり、米を発酵させた酢が普及すると、ごはんを発酵させる代わりに、ごはんにすっぱい酢を加えて寿司を作るようになりました。これが押し寿司（箱寿司）です。酢は、米を酵母菌でアルコール発酵させた日本酒を、さらに酢酸菌で酢酸発酵させます。こうして作られた有機酸が、雑菌の増殖を防ぐのです。さらに、押したり、箱にぎゅうぎゅうに詰めたりして、ごはんの中の空気を抜くことで雑菌を繁殖させないようにする工夫も凝らされています。

なぜ植物の葉で包むのか

押し寿司は、寿司の原型であるなれ寿司に比べると、ずいぶんと食べやすくなりましたが、乳酸発酵させたなれ寿司に比べると、雑菌が繁殖しやすく、保存性は弱くなりました。そのため、植物の持つ抗菌力を利用するようになりました。

各地の押し寿司を見てみると、抗菌力のある植物の葉で包んだものが少なくありません。

傷みやすいサバ寿司は、抗菌作用のあるアセ（ダンチク）やバショウ、ハラン（バラン）の葉で包まれています。ハランは漢字では「葉蘭」と書くユリ科の植物です。今では、ハランといえばビニール製のものをイメージしてしまいますが、もともとは植物の葉っぱだったのです。

また、柿（かき）の葉寿司はカキの葉で、朴葉（ほおば）寿司はホオノキの葉で包まれています。鱒（ます）寿司や鮭（さけ）寿司にはササの葉が使われています。これらの葉は鮮やかな緑色で寿司をおいしそうに引き立てますが、本来の役割は彩（いろど）りや香りを添えるためではなく、植物の持つ抗菌作用で、寿司が傷むのを防ぐことだったのです。

握り寿司の登場

江戸時代も後期になると、いよいよ江戸前の握り寿司が登場します。酢飯の上に新鮮な魚介類をのせて食べる握り寿司は、粋な江戸っ子たちを魅了しました。

もっとも、当時は生の刺身ではなく、塩分の抗菌効果があるしょうゆに刺身を漬けたものを握った酢飯の上にのせていました。しかしこれでは、それまでの寿司に比べると、雑菌に対する抗菌力は相当弱くなります。

そこで握り寿司も、植物の持つ抗菌力を巧みに活用しています。

お寿司屋さんをのぞいてみると、寿司をのせる寿司下駄には、ヒノキや同じヒノキ科のサワラの板が使われています。ヒノキやサワラは抗菌作用を持つテルペン類を含んでいるためです。シャリを入れた寿司桶も、やはりヒノキやサワラから作られていますし、寿司ネタの並んだガラスケースの中にもサワラの葉が敷き詰められています。寿司折りの箱も、抗菌力のあるスギやヒノキを薄く削って作られています。

寿司に添えられるガリも、強い抗菌作用を持つショウガを甘酢で漬けたものです。ガリは箸休めに口の中をさっぱりさせるだけでなく、食あたりを防ぐ役割も担っているのです。

イカの握りを見るとシソの葉が添えられています。また、イワシやアジなどの青魚の握りにはショウガやネギがのせられています。寿司に添えられているこれらの植物は、どれも抗菌作用を持つものばかりです。

さらに、寿司につけるワサビも、強い抗菌作用で寿司を守っているのです。

白身魚はなぜさっぱりしているのか

赤身と白身の違いはどこにある？

生き物の筋肉には、持久力のある赤筋（遅筋）と、瞬発力のある白筋（速筋）とがあります。

赤筋は、酸素を蓄えるミオグロビンという赤色の物質を多く含んでいるため、色が赤く持久力を発揮します。一方の白筋は、ミオグロビンは少ないものの、瞬発力を発揮します。

マグロやカツオのように長距離を回遊する魚は、持久力を必要とするため赤筋を多く持っており、これらの魚の刺身は赤い色をしています。また、回遊する魚はエネルギー源とするため、脂肪を蓄えています。だから、アミノ酸が豊富で濃厚な味がするのです。

サバやブリなども赤身の魚ですが、沿岸にすむこれらの魚は、マグロやカツオに比べると持久力を必要としないために、赤筋は少なめです。

一方、タイやヒラメなど近海にすむ魚は、敵に襲われたときにすばやく身を隠す必要があるため、瞬発力のある白筋を多く持っています。また、余分な脂肪分もありません。だから白身の刺身は、あっさりとした味わいになるのです。

赤身と白身の中間の魚

赤身魚と白身魚は、生物学的な分類ではありません。その違いは、単にミオグロビンを含む赤筋の割合によるものです。そのため、赤身とも白身ともつかない魚もいます。

たとえば、アジの刺身はピンク色をしています。アジは回遊魚なので、持久力のある赤筋の赤身魚といわれますが、敵から逃げるための瞬発力も必要で、白筋も多く持っています。

だから食材としてのアジは、赤身魚と白身魚の中間の性質を備えています。とれたてのアジは、ヒラメなどの白身の魚に近い味をしています。ところが時間が経過すると、熟成が進みアミノ酸が増えて、赤身の魚に似た風味になります。アジは鮮度によって、白身から赤身へと変化していくのです。

刺身のおいしい時期は？

　牛や豚などの動物の肉の食べ頃は、死後すぐではなく、死後硬直を経て熟成し、酵素のはたらきによって肉がやわらかくなり、タンパク質が分解されてアミノ酸が多くなってくる頃です。

　一方、魚の肉は、すぐに刺身で食べることができます。もちろん、魚の肉も死後硬直を起こし、硬くなってしまいます。ところが、近海でとれた鮮度の良い白身魚の刺身では、死後硬直を起こした状態のコリコリとした食感が好まれます。

　一方、カツオやマグロなど遠洋の魚は、動物の肉と同じように死後硬直が過ぎ、熟成が始まったものが刺身として食べられます。鮮度の良い刺身が食べられなかった昔は、マグロはしょうゆ漬けにしたり、カツオはタタキにしたりして、臭みを取る工夫をしました。

　熟成されると肉質はやわらかくなり、アミノ酸が多くなってうまみが出ます。白身魚が多く食べられていた関西では、現代でも身のしまった刺身が好まれるのに対して、赤身魚が多く食べられていた関東では、赤身魚、白身魚にかかわらず、うまみのある刺身が好まれる傾向にあるようです。

エビはどうして赤くなる?

寿司ネタのエビが赤い理由

お寿司のネタのエビは、鮮やかな赤色をしています。

しかし、魚屋さんで売られているクルマエビやバナメイエビ、ブラックタイガーなどのエビは、赤い色ではなく、黒っぽい色をしています。これはどうしてでしょうか。

エビは、アスタキサンチンという色素を持っています。アスタキサンチンは赤い色をしていますが、タンパク質と結合すると、黒っぽい色になります。エビの体の中ではアスタキサンチンはタンパク質と結び付いているので、黒っぽく見えるのです。

ところが、ゆでたり、焼いたりしてエビを加熱すると、アスタキサンチンはタンパク質と離れます。そのため、鮮やかな赤い色になるのです。

白身魚が赤くなる?

エビを赤く染めるアスタキサンチンは、エビ自身が作り出したものではありません。

アスタキサンチンは、植物プランクトンの中で生成されます。そして、植物プランクトンを餌として食べたエビの体内に蓄積されていくのです。

先に紹介したように、魚ではミオグロビンという赤色の物質を多く含んでいるものが赤身魚とされていました。しかし、サケの身は赤い色をしていますが、もともとは白身の魚です。サケの身が赤いのは、ミオグロビンによるものではありません。

サケの餌は、植物プランクトンを食べてアスタキサンチンが蓄積したオキアミです。この餌を食べることでサケの体の中にもアスタキサンチンがたまっていき、身がピンク色に染まっていくのです。

ちなみに、サケの卵であるイクラが赤いのも、アスタキサンチンによるものです。

エビはなぜおめでたい？

エビは熱を通すと赤くなりますが、さらにエビは、加熱すると腰が曲がります。そのため、エビには腰が曲がっているイメージがありますが、海の中にいるときには、まっすぐな体をしています。

エビは漢字で「海老」と書きます。調理されたエビは腰が曲がるので、老人にたとえて「海老」という漢字が当てられているのです。エビの長いひげも老人を思わせます。そのためエビは、長寿のシンボルとしておめでたい料理に用いられたのです。

誰もが若々しくありたいと願う現代人からすれば、老人がめでたいというのは意外な感じもしますが、高齢者の多い現代と違って、平均寿命が短かった昔は、長寿の象徴である老人は、とてもめでたい存在でした。老いることを恐れて、精一杯の若作りをしている現代と違って、昔の人は、みんな年寄りになりたくてあこがれていたのです。

どうしてたっぷりのお茶を飲むのか

お茶のタンニンが持つ抗菌力

お寿司屋さんに行くと、大きな湯飲み茶碗（ちゃわん）にたっぷりのお茶が出てきます。前に紹介したように、生魚を扱う寿司屋では、さまざまな植物の持つ抗菌力がたくみに利用されていました。

じつは、このお茶もまた、抗菌力の強いタンニン（お茶の場合はカテキンが主成分）を含んでいます。そのため、お茶を飲むことで食中毒の予防に効果があるのです。

タンニンは、タンパク質などの物質と結合して凝集させる作用を持つ植物成分の総称です。お茶を飲むと口の中がさっぱりするのは、タンニンが口の中に残っているタンパク質を固めて、洗い流してくれるからです。ですから、生臭い魚を食べる寿司には、お茶がよく合うのです。

タンニンで身を守る

タンニンは抗菌力を持つだけでなく、酸化すると細胞をよろいのように堅くする作用もあります。植物はタンニンのこのはたらきによって、虫などの食害から身を守っています。果物や野菜の切り口を空気に触れさせておくと茶色く変色してしまうのは、タンニンが酸化して細胞を堅くして、切り口を守ろうとしているあらわれだったのです。

さらにタンパク質を凝集させるタンニンには、昆虫が持つ消化酵素を変性させて、消化不良を引き起こす作用もあります。タンニンは数ある防御物質の中でも、容易に生産できるので、多くの植物が利用しています。クリの渋皮やドングリの渋みも、食害を防ぐためのタンニンのはたらきによるものです。また、渋柿の渋の正体もタンニンで、十分に熟すまで果実を守っているのです。

タンパク質などのさまざまな成分と結合するタンニンは、物質を安定させる作用があるので、多くの産業で活用されてきました。たとえば、色素を安定させるので、染料やインクに利用されてきました。また、動物の皮に含まれるタンパク質のコラーゲン繊維と結合すると皮の耐久性や柔軟性を高めるので、皮をなめすのにも使われています。

どうして日本は緑茶がおいしいのか？

日本では緑茶を飲みますが、アフタヌーンティーで有名な英国では、紅茶が一般的です。これにもタンニンが少なからず影響しています。

ヨーロッパの水の大部分は、ミネラル分を多く含んだ硬水で、かならずしも飲用に向いていません。ところが、硬水で紅茶をいれると、お茶の中のタンニンがミネラルと結合して沈殿するため、ミネラル分が除去されてまろやかになり、飲みやすくなります。ヨーロッパでは水よりもビールのほうが安く、食事のときには水代わりに飲むと言われます。これは、単に値段が安いからというだけではなく、ホップの持つタンニンに水をやわらかくして飲みやすくするはたらきがあるためです。

ちなみに、緑茶に含まれるタンニンの場合、硬水のミネラルと結合すると褐変して水をにごらせてしまうため、ヨーロッパの硬水では緑鮮やかな緑茶を飲むことができません。

一方、日本はミネラルの少ない軟水なので、鮮やかな緑色の緑茶が楽しめます。また、軟水なのでもともと水がまろやかであり、タンニンの力を借りて飲みやすくする必要もありません。だから日本では、タンニンの含有量が少ない若葉を使った新茶が尊ばれ、苦みの少ない清涼感を楽しむようになったのです。

ちなみに紅茶と緑茶は、原料となる植物の種類としてはまったく一緒です。紅茶も緑茶も同じツバキ科のチャから作られますが、製法が異なります。緑茶は摘んだ葉をすぐに蒸すのに対して、紅茶は茶葉をもんで細胞を破壊し、酸化発酵をさせて作られます。このとき、タンニンが酸化して赤色の色素に変化し、紅茶を色づかせるのです。

*

植物の抗菌パワーに守られた新鮮なネタを、ピカピカの銀シャリにのせて、おいしいお寿司を「いただきます」。

果物の不思議な秘密

フルーツパフェの科学

メロンの網目模様はどうやってできるのか

メロンの皮の秘密

メロンといえば、皮の網目模様が特徴です。実際には、網目のある品種と網目のない品種がありますが、メロンの網目は高級メロンの代名詞のような存在です。メロンは、網目がきれいなものほど、値段が高くなるといいます。網目模様はどのようにしてできるのでしょうか。

じつは、あの網目はメロンの実が割れることで作られていきます。

小さなメロンの実には、まだ網目はありません。メロンの皮は、実が大きく育っていく過程で、成長が一時的に止まり、堅くなります。ところが、内部の果実はどんどんと大きくなっていくので、外側の皮の表面にヒビが入ってしまうのです。そこで、割れた傷をふさぐように、分泌液(ぶんぴつえき)が出てコルク層を形成し、ヒビ割れをふさいでいきます。こうしてヒビ割れと、傷の治癒を繰り返しながら、メロンの網目ができていくのです。

メロンの網目は、人間でいえば、傷口に血が固まってできたかさぶたと同じです。あるいは女性であれば、妊娠しておなかが大きくなると、皮下組織の成長が追いつかずに肌に妊娠線と呼ばれるヒビが入ってしまうことがありますが、これと同じような感じでしょうか。

まさに傷だらけになりながら、メロンはその高級感を高めていくのです。

ちなみに同じウリ科のカボチャでも、皮の表面にクギなどで傷をつけると、メロンと同じように盛り上がったコルク質ができあがります。カボチャの表面にクギで字を書いておくと、コルク質の字が浮かび上がるので、試してみると面白いでしょう。

スイカのしましま模様の秘密

メロンと同じようにデザートに食べるウリ科の果実に、スイカがあります。

スイカには網目はありませんが、黒いしましま模様があるのが特徴的です。あのしましま模様には、なにか意味があるのでしょうか。

すでに紹介したように、果物が赤や黄色に色づくのは、鳥を呼び寄せるための戦略ですが、スイカのしましま模様も、果実を目立たせて鳥に見つかりやすくするためだと考えられています。さらに、皮は緑色ですが、中を割ってみれば、他の果実と同じように鳥にもっとも目立つ赤色をしています。この赤い色は、トマトと同じリコピンという色素によるものです。

スイカは、アフリカの砂漠地帯を原産地とする植物です。ウォーターメロンとも呼ばれ、その九〇％は水分というほどに水分を豊富に含んでいます。この大量の水分と甘い果肉で、鳥を呼び寄せているのです。

じつはスイカは、一個の同じ果実の中でも、場所によって糖度が異なっています。もっとも甘いのは中心部分です。外側から食べ始めた鳥たちに、残さず最後まで食べてもらうための戦略なのです。これはスイカを切るときに生かしたい知識で、中心部から放射状に切ると、甘い部分をまんべんなく行き渡らせることができます。

メロンも中心部が甘いのですが、真ん中の部分は種子やワタがあるので、残念ながら捨ててしまっています。そのため、ワタと種子の部分からこし器を使って果汁を取ると、甘いシロップが楽しめます。

スイカの種子を飲み込むとどうなる？

スイカの種子を誤って飲み込んでしまうと、腸に引っかかって虫垂炎になるといううわさがあります。これは、本当でしょうか。

植物の果実が何のためにあるのかを考えれば、迷信であることがすぐにわかります。

果実の中の種子は、果肉と一緒に食べられて、動物や鳥のおなかを通ってから、糞としてあちこちにばらまかれます。つまり、スイカの種子はもともと食べられるためにあるのです。

スイカの種子は硬いガラス質で覆(おお)われているので、胃の中でも消化されることはありません。もちろん、複雑に曲がりくねった腸の中も難なくすり抜けます。盲腸に引っかかるようでは、スイカの繁栄はありえないのです。もし、誤って飲み込んでも、スイカの種子はあなたの胃腸を通り抜けて体外へ脱出しますので、ご安心ください。

それどころかスイカの種子は、ゆっくりと時間をかけて胃腸を通るようになっているといわれます。少しでも長く消化器官の中にとどまることで、自然界でできるだけ遠くまで運ばれようとしているのです。

バナナの種子はどこにある?

かつての高級果物

現代では、高級果物といえばメロンが代表格ですが、以前はバナナがその座にありました。甘くてやわらかいバナナは、かつては入院でもしないと食べられないような高級品だったのです。しかし、輸入が自由化されてからは、バナナはもっとも安価で手軽に食べられる果物の一つになっています。

植物は、熟した果実と一緒に種子を鳥に食べてもらいます。そして種子は、鳥の糞に混じってふたたび外に排出されます。果実は、種子を遠くに運んでもらうためのものなのです。だから、果実の中には、かならず種子が入っているはずです。

ところが、私たちが食べるバナナには種子がありません。これはどうしてなのでしょうか。

もちろん、バナナが果実をならせるのも、種子を運んでもらうためです。だからバナナの野生種には、小豆ほどの大きさの種子がいっぱい詰まっています。

植物にとって種子は重要なものですが、それを食べる人間にとっては邪魔になります。そこで人類は、昔からさまざまな植物に対し、果実の種子をなくすような改良を重ねてきました。バナナもその一つなのです。

種なしバナナの秘密

現在の種子のないバナナは、二つの重要な性質を身につけています。

一つ目は、受粉しなくても果実が発育する単為結果です。通常は、花粉が雌しべにつき、受粉が成功することで種子ができて、種子の成長に伴って果実も育っていきます。ところがときどき、受粉せず種子ができていないのに、果実だけが育っていくことがあります。これが単為結果です。

単為結果は、植物にとっては得のない突然変異ですが、人間にとっては重要です。そのため、単為結果の性質を持った突然変異の個体が見つかると、大切に選抜され、栽培種の育成に活用されてきました。

キュウリやパイナップルなどは、単為結果性を持つ栽培種の例です。バナナもまた、単為結果の性質を持つものが栽培種として利用されてきました。

しかし、単為結果だけでは、もし花粉がついて受精してしまうと、種子ができてしまいます。じつはバナナの栽培種は、さらに重要な性質を持っています。

種なしバナナが持つ二つ目の重要な性質は、三倍体であるということです。

通常の植物は、染色体の固まりを二つ持っている二倍体です。生殖をするときには、この二つの染色体の固まりが分かれて、一倍体の花粉や、種子の元になる一倍体の胚珠(はいしゅ)を作ります。これが減数分裂です。そして、一倍体どうしである花粉と胚珠が受精すると、花粉と胚珠の染色体が合体して、ふたたび二つの染色体の固まりを形成し、新たな生命として育っていくのです。

ところが三倍体では、染色体の固まりの数が奇数なので、染色体が二つに分かれることができません。そのため、正常な生殖ができず、たとえ花粉がついたとしても種子を作れないのです。

輪切りにされたパフェのバナナを見ると、黒い点のようなものが見えます。あれが、正常に発育しなかった種子のなごりです。

バナナの三倍体は、自然界に出現した突然変異です。

種子のできない三倍体は、種子をまいて増やすことはできません。しかし、バナナは株分けして増殖させることができたので、世界中に広がっていったのです。

種子がないのに広がる理由

三倍体の植物は、私たちの身の回りにも見られます。たとえば秋のお彼岸の頃に真っ赤な花を咲かせるヒガンバナは、三倍体です。そのため、あれだけ美しい花を咲かせても、種子をつけることはありません。夏になると、野原や土手などにオレンジ色の花を咲かせるオニユリも三倍体の植物です。また、林などに見られるアヤメの仲間のシャガも三倍体です。

しかし、不思議なことがあります。

三倍体の植物は、種子で増えて広がっていくことができません。それなのに、どうして私たちの身近な場所で広く見られるのでしょうか。

これらの植物の原産地は中国です。日本では三倍体しか見られないのですが、原産地では二倍体の個体も存在するということが、謎を解くヒントになりそうです。

じつは、これらの三倍体の植物は、有史以前の古い時代に、人間によって日本に持ち込まれたと考えられています。

オニユリや水にさらして毒を抜いたヒガンバナの球根には、デンプンが豊富に含まれるため、古くは食料として重要な植物でした。また、シャガの根茎は生薬として用いられます。そのため、人々は中国から持ち込んだこれらの植物を、各地へ広めていったのです。ヒガンバナやオニユリ、シャガなどが人里に近いところに多く見られるのは、人によって植えられていったためだったのです。

種子を作ることができない三倍体の突然変異は、植物にとっては不利な形質ですが、人間にとっては役に立つ形質です。

種子ができないため、種子に栄養を取られることなく、球根を太らせていきます。また、染色体の数が二倍体のものより多いので植物のサイズも一回り大きくなり、より大きな球根に育ちます。これらは、栽培種としてはじつに都合の良い性質です。そのため、原産地である中国でも栽培種としては三倍体の系統が利用され、それらが日本に持ち込まれ、各地に広まっていったのです。

人工的な種なし果物

植物にとってはなくてはならない種子ですが、人間にとっては種なしの果物の方が食べやすく喜ばれます。そのため、さまざまな方法で、種子のない果物が作られています。

かつて「種なしスイカ」というものを、よく見かけました。種なしスイカは、人工的に三倍体を作り出すことで誕生しました。

まず、コルヒチンという物質で、生殖のときに染色体が半分の一倍体になるのを防ぎ、二倍体の花粉と二倍体の胚珠を受精させて、四倍体のスイカを作ります。

この四倍体のスイカと、通常の二倍体のスイカを受精させることで、三倍体のスイカができあがるのです。バナナは三倍体の個体を株分けで増やすことができますが、スイカは種子でしか増やすことができないため、種なしスイカは、常に四倍体と二倍体から作る必要があります。

種なしスイカは画期的な技術でしたが、果実にとって重要な種子ができないために、甘みがのらないことや、皮が厚いなどの欠点があり、今ではあまり見られなくなりました。

種なしの果実はほかにもあります。「種なしブドウ」はどうでしょうか。

ブドウは、未熟な果実をジベレリンという植物ホルモンに浸けることで、種子ができなくなります。

ジベレリンは植物の成長を促進するはたらきがあるため、ブドウの房を長くしようとジベレリンに浸けたところ、種なしになることが偶然発見されました。植物ホルモンはさまざまな作用があり、そのはたらきは複雑です。そのため、ジベレリンによって、ブドウに種子ができなくなるメカニズムについては、現在でもわかっていません。

それでは、温州(うんしゅう)ミカンはどうでしょうか。

昔のミカンには種子がありました。温州ミカンは、江戸時代に現在の鹿児島県で発見された突然変異種です。温州ミカンの名は、柑橘類の名産地である中国の温州にちなんで名づけられましたが、あくまで日本で生まれた種類です。

種子のない温州ミカンは、江戸時代には「種ができない」ことから「子宝ができない」と敬遠されましたが、明治に入ってから、種子がないことによる食べやすさと、甘い食味で人気を集め、全国に広がりました。

温州ミカンは、バナナと同じ単為結果なので、花粉がつかなくても果実が大きくなります。さらに雄性不稔といって花粉ができにくい性質も持っています。そのため、花粉がつくことなく、種子のない果実が実るのです。

フルーツパフェの「野菜」たち

メロンは野菜か果物か？

メロンは果物の王様といわれています。しかし、メロンは本当に果物なのでしょうか。

メロンはウリ科の植物です。ウリ科の植物には、キュウリやカボチャ、ニガウリなどがありますが、どれも野菜に分類されています。キュウリやカボチャと同じ仲間なのに、メロンだけが果物なのでしょうか。

じつは、メロンは果物ではなく野菜です。

農林水産省によれば、果物は、木（木本性（もくほんせい）の植物）になる果実であるとされています。一方、野菜は草（草本性（そうほんせい）の植物）と定義されています。そのため、メロンは分類上、キュウリやカボチャと同じウリ科の野菜なのです。しかもメロンの学名は、マクワウリやシロウリと同じで、交配も可能な同じ種類の植物です。

ただし、メロンは副食の材料に用いられるよりも、デザートとして食べられることが多いので、売る場合には果物として扱われています。同じウリ科のスイカも事情はまったく同じで、本来は野菜ですが、果物として売られています。

バナナは野菜か果物か？

メロンとは違い、バナナが野菜か果物か悩む人は少ないでしょう。先ほどの定義に従い、木になるから果物だと思われるかもしれませんが、話はそんなに単純ではありません。

一般に「バナナの木」といわれますが、じつはバナナは木本性の植物ではありません。実際には、バナナは草なのです。茎のように見えるのは、葉の軸の部分である葉柄が重なり合ったものです。まるで茎のようであることから「偽茎」とも呼ばれています。つまりバナナは、地面から巨大な葉が伸びて、木のような姿をしているのです。

そうなると、困ったことになります。メロンのところで、木になる果実が果物で、草になる果実は野菜であると説明しました。バナナが草本であるとすると、バナナの実も野菜なのでしょうか。

ところが、定義上もバナナは野菜ではなく、果物です。正確には、野菜は「一年生草本類から収穫される果実」であり、果実は「永年性作物などの樹木から収穫される果実」とされています。

つまり、バナナは草本ですが、一年では枯れず、永年性で毎年同じように果実をならせるため、果物と見なされているのです。

イチゴは野菜か果物か?

それでは、イチゴはどうでしょうか。

イチゴはバラ科の植物です。バラというと美しい花束のバラを思い浮かべますが、じつは果物にはバラ科の植物がたくさんあります。サクランボやリンゴ、モモ、梅をはじめ、ナシや洋ナシ、スモモ、ビワなどは、すべてバラ科です。

イチゴは草で、サクラやリンゴは木だから、同じ仲間なのはおかしいと思うかもしれませんが、植物にとっては、草であるか木であるかはあまり重要ではないようです。たとえば、エンドウや大豆がマメ科の草であるのに、ネムノキやフジは同じマメ科の木です。また、ナスは日本では冬が来ると枯れるので草にしか育ちませんが、熱帯では何年も生き続けて木になります。

さて、イチゴが野菜か果物かを考えてみることにしましょう。

先ほどメロンで説明したように、草になる果実が野菜で、木になる果実が果物でした。この定義では、イチゴは野菜になります。しかし、バナナの場合は草であっても、永年性で毎年果実が得られるということで、果物に分類されました。じつはイチゴも永年性で、毎年、同じように実をならせます。見た目は小さくても、その性質は木本性の果実となんら変わらないのです。バナナと同じと考えると、イチゴは果物に分類されます。

しかし、イチゴの分類はその栽培方法によって決められています。イチゴは同じ株が何年も続けて実をならせますが、二年目以降は実のつきが悪くなり、品質も低下し、病気が発生する可能性も高まってきます。そこでイチゴ農家は、毎年新しく育てた苗に植え替えて、一年生の作物と同じように栽培しています。そのためイチゴは果物にならず、野菜に分類されているのです。

ただし、イチゴはデザートとしての用途が多いので、販売する場合には、メロンと同じように果物として扱われています。

サクランボの種の秘密

サクランボの花はサクラ？

パフェの一番高いところにのせられたサクランボは、甘い生クリームの中にあって、甘酸っぱい味が魅力です。器用な人は、サクランボを軸ごと口に入れて、口の中で軸を結ぶという芸当を見せてくれます。これができる人は、キスが上手いといううわさもありますが、真相はどうなのでしょうか。

閑話休題。サクランボは「桜の実」という意味です。ただし、実際にはサクラという植物はありません。サクラは、一般にバラ科サクラ亜属の植物を指していて、ヤマザクラやオオシマザクラなどたくさんの種類があります。現代では、サクラというとソメイヨシノが一般的ですが、ソメイヨシノはオオシマザクラとエドヒガンという二つの植物種の交配によって作られた雑種です。しかも、ソメイヨシノは自分の花粉では受粉せず、種子をつくることができません。だから、果実であるサクランボもなりません。そして、全国各地のソメイヨシノは、すべて接ぎ木や挿し木で殖やした「クローン」なのです。

ただし、ソメイヨシノに小さなサクランボがなっているのを見たことがある、という人もいるかもしれません。じつはあの実は、ほかの種類のサクラの花粉が交雑してできたものなのです。

私たちが食べるサクランボは、セイヨウミザクラ（西洋実桜）と呼ばれる植物の実です。

もちろん、花が咲かないと実ができないのが事の道理ですから、サクランボのセイヨウミザクラも、ソメイヨシノのような美しい花を咲かせます。ただし、セイヨウミザクラの花は、ソメイヨシノに比べると少し白っぽいのが特徴です。

サクランボの作戦

種子をまわりの甘い果肉ごと鳥に食べさせ、種子を糞と一緒に体外に出して遠くへ散布するというのが、植物の戦略です。しかし、大切な種子をいったん鳥に食べさせるという方法は、植物の立場からみればリスクもあり、なんだか心配です。

その点、サクランボの果実は、もう少し進んだ構造をしています。

じつは、私たちがサクランボを食べたときに吐き出す種は、本当の種子ではありません。

私たちがサクランボの種と呼んでいるものは、実際には、果実の一部が堅く変化したものです。本当の種子は、この堅い殻の内側にあります。

果実を食べさせて種子を運んでもらうのはいいのですが、消化器官の中で種子が消化されてしまったり、動物に肝心の種子までバリバリ食べられてしまったのではかないません。そのため、サクランボは種子のまわりを堅い殻でコーティングし、守っているのです。

サクランボはバラ科の植物ですが、同じバラ科の果実では、モモや梅が同じアイデアを採用しています。

モモや梅の中の種はずいぶんと大きいように思えますが、実際には種子を守るためのシェルターだったのです。ちなみに、梅干しの種を割って、天神様と呼ばれる中の仁(じん)を好んで食べる人がいますが、この仁こそが、梅の本当の種子です。また、モモの種の中からも仁が出てきます。桃仁(とうにん)と呼ばれて漢方生薬に用いられますが、この桃仁も、モモの本当の種子なのです。

リンゴの本当の果実

果実を食べさせて種子を散布するという画期的な戦略を、植物の進化の中で初めて採用した植物の一つが、サクランボやモモ、リンゴなどが属するバラ科の植物だったとされています。

サクランボのように種子を堅い殻で覆う以外にも、バラ科の植物の果実には、先進的なアイデアが数多く見られます。

リンゴの例を見てみましょう。

一般的な植物の果実は、雌しべの根元にある子房が太ったものです。ところが、リンゴは違います。リンゴの赤い実は、花托と呼ばれる花の付け根の部分が、子房を包み込むようにして太ったものなのです。

本当の果実ではないので、リンゴの実は偽果と呼ばれます。それでは、子房に由来した本当の果実はどこにあるのでしょうか。

じつは、私たちが食べ残す芯の部分が、子房の変化したものです。種子は堅い芯の中で、食べられないように守られているのです。

偽果であるリンゴ

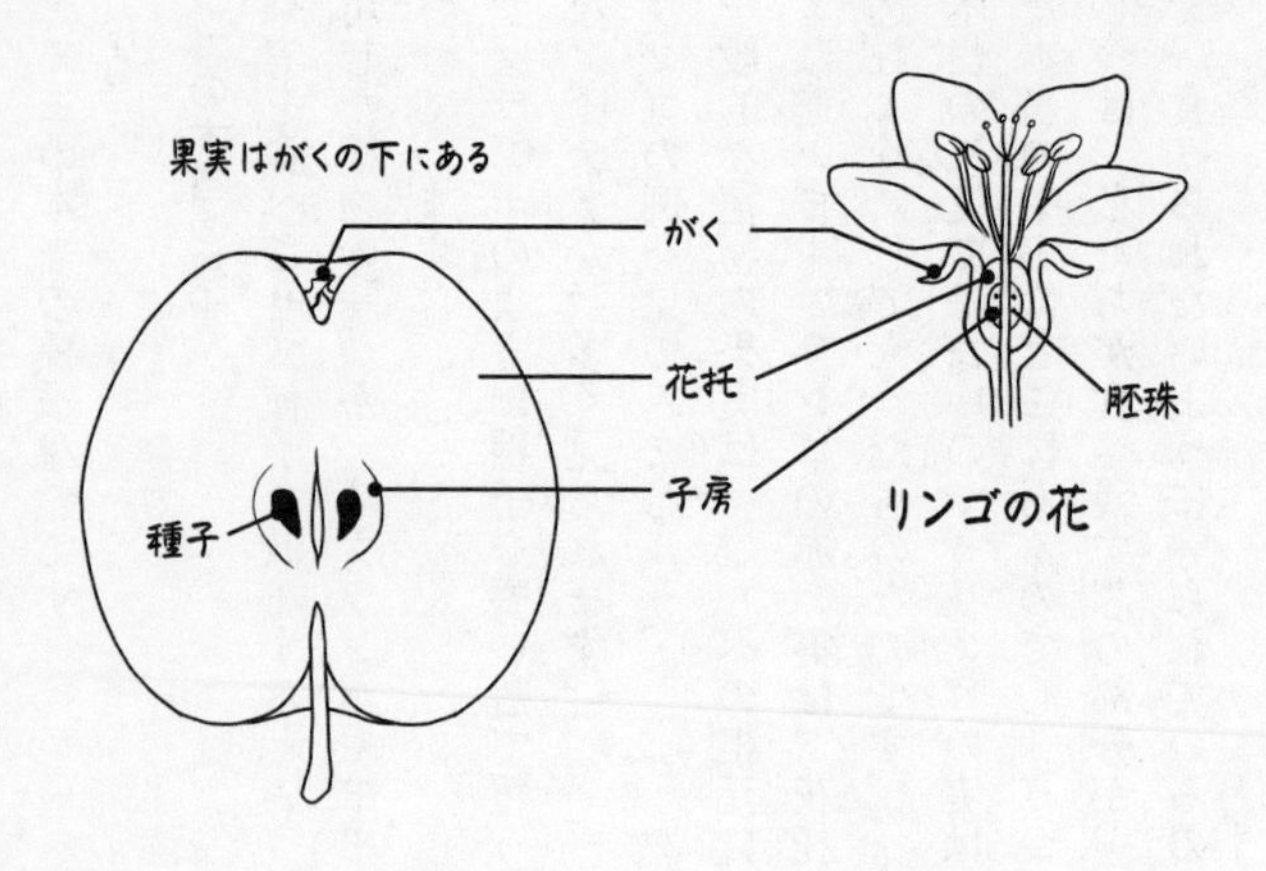

真果であるカキ

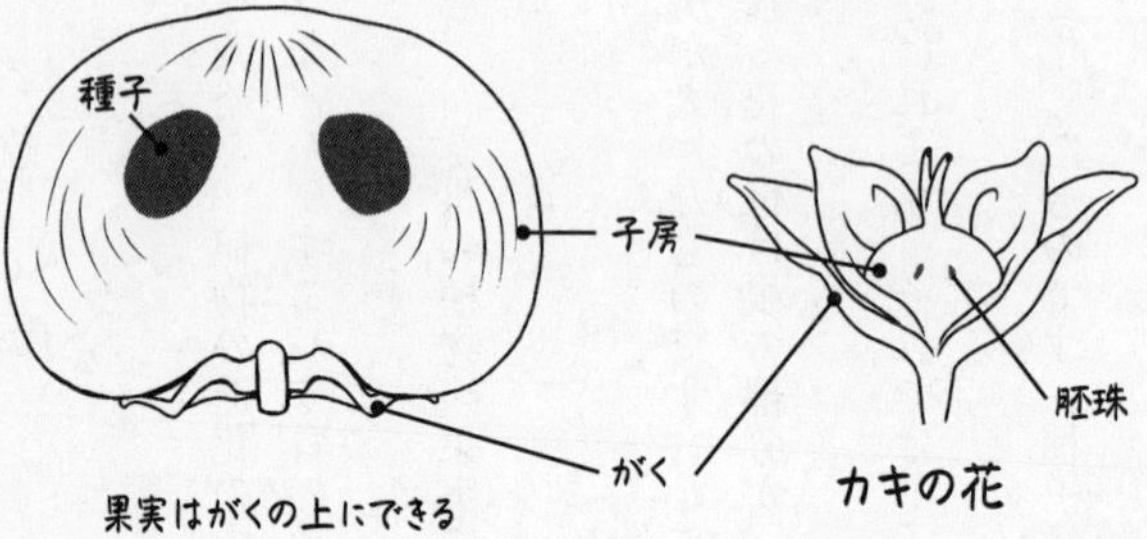

種子
子房
胚珠
がく
カキの花
果実はがくの上にできる

子房を肥大させて果実を作り、鳥に食べさせるアイデアは画期的なものですが、実際には種子まで消化されてしまわないか、心配も残ります。そのため、サクランボは果実の一部を堅くして殻を作り、種子を守りました。一方のリンゴは、花の付け根部分の花托を肥大させて果実を作り、子房のまわりを包んだのです。

リンゴのヘタはどこにある

リンゴが子房の肥大した本当の果実でないことは、観察してみるとよくわかります。一般の果実は、子房が肥大してできているため、花の下にあるがくは、果実より下にあります。

たとえば、ミカンやカキは子房が肥大してできた本当の果実（真果）です。そのため枝についていた柄の部分を下にしてみると、果実の下にヘタがあります。このヘタが、がくだった部分なのです。

ところが、リンゴはそうではありません。柄にはヘタがなく、柄は果実の中にある芯の部分につながっています。そして、そのまま進んで果実の反対側のへこんだ部分に目を移すと、がくの痕跡（こんせき）らしきものが見つけられるはずです。花は、このがくより先端にあったはずですから、がくと柄の間にある果実は、花の付け根の花托部分だったことになります。だから、リンゴは子房ではなく、花托がふくらんだものだとわかるのです。

*

メロンもイチゴも本当は果物ではなく、野菜でした。それでも、フルーツパフェの魅力は変わりません。デザートに甘いフルーツたっぷりのパフェを「いただきます」。

天の川と牛乳の意外な共通点

ショートケーキの科学

イチゴのつぶつぶの正体は？

イチゴの果実はどこにある？

イチゴは、表面につぶつぶがあるのが特徴的です。このつぶつぶの正体は何でしょうか。

つぶつぶは種子のようにも見えます。しかし、考えてみれば、種子が果実の表面にあるというのは少し奇妙な感じがします。

じつは、イチゴもまたサクランボやリンゴと同じバラ科の果実です。先に紹介したようなサクランボやリンゴに負けず劣らず、イチゴの果実も「なるほど！」と手を打つような複雑な構造をしています。

イチゴも、リンゴと同じように、花の付け根の花托部分が肥大してできた偽果です。それでは、子房が肥大した本当の実はどこにあるのでしょうか。

イチゴのつぶつぶは、花托が肥大した偽果の表面についています。じつは、このつぶつぶこそが、イチゴの本当の果実なのです。

イチゴのつぶつぶの一つ一つをよく見ると、粒の先端に棒状のものがついています。これが雌しべの跡です。そして、この小さな小さな果実に、種子がたった一つ入っているのです。

イチゴを縦に切ってみると、白い筋が見えます。この筋をよく観察してみると、一本一本が、一つ一つの粒につながっています。この白い筋は、イチゴの本当の果実に水分や栄養分を送るためのものです。

一つ一つの粒が果実だといっても、これは瘦果（そうか）といって、種子をくるんでいるだけの果実です。そのため、この瘦果はそのまま種子としてまくこともできます。

イチゴのつぶつぶを果肉からピンセットで取ってまいてみると、ちゃんと芽が出てきますよ。

リンゴの芯（しん）とイチゴのつぶつぶ

それにしても、リンゴの芯と、イチゴのつぶつぶが、どちらも子房が成長した果実であるというのは驚きです。

また、リンゴは一つの花から一つの果実しかできませんが、イチゴにはたくさんのつぶつぶがあるということは、一つの花からたくさんの果実ができているということになります。

リンゴの花は五を基本数とした構造になっていて、花びらが五枚で雌しべも五本です。ところがイチゴの花には、基本数がありません。五～七枚の花びらに対して一〇〇本以上もの雌しべがあります。この雌しべの一本一本が受粉して、イチゴのつぶつぶになるのです。

イチゴの場合、花托の上にたくさんの雌しべが集まって一つの花のようになっていましたが、小さな花が集まって、一つの花のような姿を形づくっている場合もあります。このような花は、集合花と呼ばれています。

ふつうは、一つの花ごとに花びらをつくり、雄しべや雌しべができます。しかし集合花では、花が役割分担をすることが可能です。

たとえばヒマワリも、実際には、一〇〇以上もの小さな花が集まって一つの花（集合花）を形作っています。ヒマワリの花のまわりにある花びらは、じつは一つ一つが小さな花（舌状花）です。小さな舌状花が役割を分担して一つの花びらのようになっているのです。そして、ヒマワリの花の中央に集まった筒状のものの一つ一つも、小さな花（筒状花）です。そして、小さな花ごとに一つずつ種子を作るのです。

　このようにたくさんの花を集めることによって、花の大きさを生育条件にあわせて効率良く変化させたり、小さな花を順番に成熟させていくことによって、開花期間を長くしたりすることができます。

イチゴの旬の季節は？

　イチゴには、冬から春のフルーツというイメージがあります。クリスマスケーキにはイチゴのショートケーキが定番ですし、春になると季節のスイーツとして、イチゴのパフェが登場します。

　しかし、実際にはイチゴの旬は初夏です。俳句の世界でも、イチゴは夏の季語になっています。このようなズレが生じてしまった理由は、クリスマスの需要に合わせたハウス栽培が一般化するようになり、本来、夏の野菜だったイチゴが冬にも出荷されるようになったからです。

　ただ、ビニールハウスで育てるとはいっても、夏が旬のイチゴを冬に実らせるのは簡単なことではありません。ただ加温すればよいという単純なものではないのです。イチゴは、季節を感じることで花を咲かせ、実をならせます。すなわち、冬の低い温度を感じ取って花の芽を準備し、春になって日が長くなってくると花を咲かせるというリズムを持っているのです。

クリスマスに出荷するためには、それを半年ずらさなければなりません。暑い夏なのに低い温度を感じさせて、秋の夜長といわれる時期に、昼間の時間が長くなったと感じさせなければならないのです。

そのためビニールハウスでイチゴを栽培する場合、夏の間は標高の高い涼しい場所で苗を育てたり、夜間は苗を冷蔵庫に入れたりして、苗に冬が来たと勘違いさせます。そして、寒い温度を感じさせることで花の芽がつくられた状態の苗を、植えつけます。さらに、秋〜冬にかけては、夜も明かりをつけて栽培します。こうして、日が長くなったとイチゴに錯覚させて、開花させるのです。

しかし最近では、新しい技術の進展や、品種改良により、このような栽培方法を行わない例も増えてきています。

こうして、栽培方法や品種改良により「季節をずらす」ことによって、冬から春の時期に、おいしいイチゴのショートケーキが、私たちの目の前に並ぶようになったのです。

牛乳はなぜ白い？

牛乳は完全栄養食

生クリームの原料となる牛乳は、牛のおっぱいです。

牛であればどの牛も牛乳を出しそうな感じがしますが、牛のおっぱいは赤ちゃんのためのものですから、子牛を産んだ雌の母牛しか、牛乳を出すことができません。

雌牛は、一年間に一度、子牛を産みます。子牛を産んだ母牛は一〇ヶ月ほど牛乳を出し続けます。その後、二ヶ月ほど乳を搾らずに体を休めます。そして、ふたたび次の子牛を産むのです。

まだ草を食べられない赤ちゃん牛のために、牛乳の中には赤ちゃんに必要な栄養分がすべて含まれています。これが、牛乳が完全栄養食と言われる理由です。

血や肉を作るために体内に蓄積されるタンパク質の割合を生物価と言いますが、牛乳の生物価は〇・九〇で、大豆の〇・七五や牛肉の〇・七六と比べて高いことが知られています。また、牛乳に含まれる栄養といえばカルシウム。多くの日本人に不足しがちな栄養分がカルシウムですが、約二〇〇ミリリットルの牛乳で、大人が一日に必要なカルシウムの三分の一を摂取することができます。

牛乳は血液からできる

ジュースは果物や野菜から作られます。お茶には茶の葉、コーヒーにはコーヒー豆が使われています。私たちが口にする飲み物は、その多くが植物を原料としています。

牛乳は、一般的な飲み物としては、唯一、動物に由来する飲み物です。

牛のふくらんだ乳房を見ると、ミルクのタンクのようになっていて、そこから牛乳が出てくるような気がします。しかし、牛の乳房に牛乳が入っているわけではありません。

牛の乳房には、太い血管が通っています。この血管を流れる血液を材料として、牛乳が作られているのです。

乳房の中には、乳腺細胞が並んでいます。ここでは血液から運ばれてきたさまざまな栄養素を取り込んで、牛乳の成分が作られます。血液中の脂肪酸からはクリームの原料となる乳脂肪が、アミノ酸からは乳タンパク質が、グルコースからは乳糖が合成されます。こうして、乳房の中で完全栄養食である牛乳が作られていくのです。

牛乳一リットルを作るためには、五〇〇リットルの血液が流れる必要があるといいます。

新しい生命を育てるために、牛乳を生み出す生命の神秘。本当に生命というのは不思議なものです。

小さな粒が光を乱反射させる

牛乳は血液から作られるのに、どうして白い色をしているのでしょうか。

牛乳の中には、たくさんの小さなタンパク質や脂肪の粒が含まれています。この脂肪の粒が牛乳のこくの元になります。一般的に、市販の牛乳はこの脂肪の粒をホモジナイズという作業で細かくしてあるので、さらっとした舌ざわりになります。

じつは、このタンパク質や脂肪の小さな粒が、白さの秘密です。たくさんの粒が光をあらゆる方向に乱反射させるので、いろんな光の波長が混ざります。そのため、牛乳は白く見えるのです。

天の川も、たくさんの星の光が集まって、白っぽく光っています。

天の川は英語ではミルキーウェイ（乳の道）と言います。欧米では天の川のその白さをミルクに例えました。白さの秘密は、牛乳も天の川も同じだったのです。

スポンジケーキはなぜやわらかい？

パン生地とスポンジ生地の違い

パン生地は、イースト菌を加えて発酵させることで、イースト菌が出した炭酸ガスで、ふっくらとふくらみます。

ところが、ケーキに使うスポンジ生地は、発酵をさせません。それなのに、どうしてふわふわにふくらむのでしょうか。

その秘密は卵にあります。

卵には、空気を含む性質があります。そのため、泡立てると気泡が形成されます。そして、卵の中に作られた気泡が、加熱されることによって膨張して、生地がふくらむのです。

ところが、卵だけでは、あのふんわりとしたスポンジケーキはできません。

卵を泡立ててできる気泡は、弱い気泡なので、そのままでは消えてしまいます。そこで、卵に砂糖を加えることで粘性を強め、表面張力を高めてしっかりとした気泡を作っているのです。

また、前に紹介したように、小麦粉に水を加えると粘性と弾力性のあるグルテンができます。このグルテンが、気泡の中の空気を逃がしません。

そして、加熱することで小麦粉と卵のタンパク質は気泡を抱えたまま固まって、スポンジ状になります。

つまり、卵に砂糖を混ぜて泡立て、小麦粉を加えて焼き上げるというすべての作業が、ふっくらとしたスポンジケーキを作るために不可欠なのです。

卵の上はどっち?

ところで、卵の上はどちら側でしょうか。とがっているほうでしょうか、それとも丸いほうなのでしょうか。

卵形というと、とがったほうを上に、丸いほうを下に書きます。ところが、実際の卵は丸いほうが上側で、とがったほうが下側になります。

卵の丸いほうには、空気が入った気室があります（107ページ参照）。卵はこの気室を使って呼吸をしているのです。そのため、卵を冷蔵庫で保存するときも、丸いほうを上にして置くと、長持ちさせることができます。

卵の下側がとがっているのには理由があります。

鳥の種類によって多少異なりますが、とがったほうが土や巣につきささることによって、卵の位置が安定します。

また、卵を転がすと、とがったほうを中心にして、円を描くように丸く転がります。そのため、卵が巣から転がり落ちない仕組みになっています。さらに、とがったほうを中心にして丸く卵を並べることで、親鳥が効率よく卵を抱いて温められるという理由もあるようです。

コーヒーでリラックス

どうしてリラックスできるのか？


ショートケーキにはコーヒーがよく合います。

コーヒーを飲むとリラックスできますし、頭もリフレッシュします。

もっとも、コーヒーではなくショートケーキには紅茶だという人もいるでしょう。

あるいは、コーヒーや紅茶もいいけれど、疲れたときはココアに限るという人もいるでしょう。

コーヒー、紅茶、ココアは世界の三大飲料と呼ばれていて、世界中の人々に飲まれています。

コーヒーは、アカネ科のコーヒーノキと呼ばれる植物の種子から作られます。

一方、紅茶や緑茶はツバキ科のチャの葉から作られます。また、ココアはアオギリ科のカカオの種子から作られます。カカオの種子であるカカオ豆は、チョコレートの原料としてもおなじみでしょう。

この三大飲料には、共通して含まれている物質があります。それは、カフェインです。

カフェインはアルカロイドという毒性物質の一種で、もともとは植物が昆虫や動物の食害を防ぐための忌避物質であると考えられています。このカフェインの化学構造は、ニコチンやモルヒネとよく似ていて、同じように神経に作用して、興奮させたり、反対に鎮静させたりする作用があります。コーヒーを飲むと眠気が覚めて、頭がすっきりしたり、リラックスしたりするのはそのためなのです。

トイレが近くなる理由

一杯のコーヒーには、眠気を覚ましたり、気分をリラックスさせてくれるプラスの効果があります。しかし、コーヒーを飲むとトイレが近くなってしまいます。これは、どうしてでしょうか。

人間の腎臓には、老廃物や過剰に摂取しすぎた塩分や水分を排出し、尿として体外に排出する働きがあります。カフェインは腎臓の働きに作用するため、尿の排出量が増えます。だから、コーヒーを飲むとトイレに行きたくなるのです。

カフェインにもタバコのニコチンと同じように依存症があることが知られています。コーヒーと紅茶とココアの世界の三大飲料が、今や世界中の人々を魅了してとりこにしてしまっているのは、カフェインの作用でもあるのです。

コーヒー豆の正体は？

コーヒー豆といいますが、豆といっても大豆やエンドウなど莢（さや）の中にできるマメ科の植物とは異なります。コーヒー豆は、木になる実の中の種子なのです。ただし、その形が豆に似ていることから、コーヒー豆と呼ばれています。チョコレートの原料となるカカオ豆も同じく、木の実の種子です。

アカネ科のコーヒーノキの実は、真っ赤な色をしていて、まるでサクランボのようなのでコーヒーチェリーとも呼ばれています。コーヒーの実が赤いのは、鳥に食べてもらうためです。そのため、コーヒーの実の果肉は、食べると甘い味がします。

ところが、コーヒー豆から作るコーヒーは苦い味がします。コーヒー豆は大切な種子なので、食べられるわけにはいきません。そのため、苦味物質や抗菌物質であるカフェインで身を守っているのです。

*

真っ赤な果実には工夫があふれ、白いミルクには命がいっぱい。
特別な記念日や、がんばった日のご褒美(ほうび)には、ちょっと贅沢(ぜいたく)なショートケーキを、あたたかなコーヒーや紅茶とともに「いただきます」。

おわりに

子どもたちと料理の材料を調べてみたことがあります。

たとえば、子どもたちの大好きなハンバーグは、牛肉と豚肉とタマネギと卵、小麦から作られています。スナック菓子も、トウモロコシやジャガイモなどを材料として作られています。

食材を調べているうちに、ある子どもがこんな感想をもらしました。

「私たちが食べているのは、野菜や肉ばかり。まるで動物園の動物みたいだ」

そのとおり、私たちが日常、食べているものも元をたどれば、いずれも植物と動物ばかりです。しかし、美しく加工された食品や、並べられた調理済みの料理を食べるだけという現在の食環境では、こんな当たり前のことにさえ気がつきにくくなっています。

食べることは生きること、生きることは食べることです。食べることの大切さが軽視される現代では、どこか生きることの価値さえ軽んじられているように思えるのは、気のせいでしょうか。

これまで見てきたように、私たちが食べている食材に含まれる栄養分や機能成分は、植物や動物が生きるためのものでした。私たちが食材を食べるということは、これらの食材が持つ生きる力をいただくことにほかならないのです。

「いただきます」を言えない子どもたちが増えています。お金を払っているのだから、「いただきます」など言わなくて良いという考え方もあるとも聞きます。

しかし、「いただきます」は、食材を育んでくれた太陽や大地の恵みに感謝し、野菜や肉や魚の生命をいただくことに感謝する言葉です。また、「ごちそうさま」は漢字で「御馳走様」と書きます。馳走とは「走り回る」という意味で、走り回って食材を集めてくれた人のことです。そして、食材を集めてくれたり、食材のもつ特徴を活かし、手をかけておいしく調理してくれた人に対する感謝の気持ちが「ごちそうさま」なのです。

さあ、今日も元気なことに感謝して、大好きなカレーライスをいただくとしましょう。そして、おいしいカレーライスに「ごちそうさまでした」。さらに明日は、とろみの増した二日目のカレーライスを楽しむことにしましょう。
最後に、単行本の出版にご尽力いただいた家の光協会の皆さんと、文庫化の作業を担(にな)ってくれた新潮社の皆さんに深く感謝します。ありがとうございました。

稲垣栄洋

二〇二一年十二月

25歳女子が考える「一晩置いたカレーがなぜおいしいのか」

印度カリー子

ニンジンは根を張って自分自身を土の中に引き込む！　メロンの網目は「かさぶた」だった！　この本では、身の回りの食材の知られざる秘密が次々と紹介されていきます。そして、お好み焼きやそば、寿司（すし）など多くの料理には、栄養素や抗菌作用など食材が持つさまざまな特徴が生かされていることを実感させられます。その中で、とくに印象に残ったのは、やはり本書のタイトルにもなっているカレーライスでした。

これまで私は、東京大学大学院で食品科学を専攻するかたわら、スパイスの普及のため、オリジナルスパイスセットの開発や、スパイスカレーを中心としたレシピ本の執筆に取り組んできました。現在は、スパイス料理研究家として活動しています。そんな私のこれまでの知識と経験から、一晩置いたカレーがなぜおいしいのか、本書に書かれていた内容をさらに深く考えてみました。

まず「一晩」という前提から、6～24時間という時間内に、調理時の100℃近くから常温まで（冷蔵庫に入れるのならば10℃以下まで）温度が下がるという過程で、カレーにどのような反応が起こるのか、3つの仮説を立ててみました。

①うまみの増加……タンパク質変性、浸透圧
②舌触りの変化……糖と脂質の複合体の形成
③具材の調和……特徴的な香りの減退、共通の香りの重なり合い

まず、①うまみ、甘みの増加です。グルタミン酸やイノシン酸などのうまみの素として有名なアミノ酸が増加すると、カレーはおいしくなり、コクや深みが増したように感じられます。

肉の筋肉のタンパク質の中には、水分が閉じ込められています。この水分に、うまみが溶けこんでいます。生肉のままだと、うまみはタンパク質に閉じ込められたままですが、肉を加熱するとタンパク質が変性し、中の水分が流れ出てきます。これがルーに溶け込み、うまみが増加します。

タンパク質を加熱したからといって、すべての水分（うまみ）がすぐに流れ出てく

るわけではありません。例えば冬の鍋料理で、唐揚げ用サイズくらいに切られた鶏モモ肉を煮ると、最初の15分程であれば、まだ肉の中にはたくさん水分が残っているので、柔らかくもっちりとしています。一方で鍋の終盤、締めのタイミングで鍋の底に残っている鶏肉は、既に30〜40分ほど煮込まれて水分が流れ出してしまったため、パサパサとして硬くなっています。さらに締めで雑炊を作ったとすると、雑炊ができあがる頃には鶏肉の繊維はほぐれて、ほろほろになっていたりします。

肉のタンパク質にもいろんな種類があり、加熱に弱いものから比較的強いものなど、様々です。そのため、調理中の15〜20分程度の煮込み時間では、熱に弱いタンパク質から溶け出したうまみしか得ることができません。ずっと加熱していれば、1時間程度で肉の中のうまみをすべて取り出すことができるかもしれませんが、そうすると肉はほぐれ、野菜は溶けてしまうでしょう。

そこで、肉や野菜など具材の形を残したままうまみを取り出す方法が、カレーを一晩置いておくという方法です。加熱に比較的強いタンパク質も、熱が加われば部分的に変性します。その変性した一部分から、うまみがゆっくりゆっくり流れ出てきます。これは肉だけではなく、野菜のうまみでも同様です。野菜のうまみが溶けた水分も細胞壁の中に閉じ込められています。細胞壁は比較的熱に強いのですが、加熱されることで一部が壊れ、そこから時間をかけてうまみが染み出てきます。

また、鍋に固形のルーを入れたあとは、肉の外側は、肉の内側よりも塩分濃度が高くなります。浸透圧は、濃度の差を薄めようと、濃度の低い肉の内側から、高い外側へと水分が移動するときの圧力をさします。そして、変性したタンパク質からうまみが流れ出てくるのと同じタイミングで、この浸透圧が働きます。つまり、うまみを含んだ水は、肉の外側、すなわちルーの中に移動しようとする流れができるのです。この圧力は、野菜にも働きます。

うまみと同様に、甘味でも同じことが起こると考えられます。タマネギ、ニンジン、ジャガイモは蒸しただけで「甘い！」と感じることがありますが、これは野菜の内部に糖が含まれているからです。これらの糖も、壊れかけた細胞壁から浸透圧の流れに沿って、ゆっくりゆっくりカレーの中に染み出してきます。

そうして一晩経つ頃には、うまみと甘味が十分に溶け出た状態ができあがります。浸透圧が小さくなるのは、具材の内側と外側で、塩分濃度が同程度になった時です。これが味の染みた状態で、食材にもちゃんと塩気が感じられるようになっています。逆に言えば、素材に味が染みてないうちは、まだうまみや甘味がカレーの中に出きっていない状態です。そして、筑前煮やおでんの汁が一晩経つとおいしくなるのも、同じ理由からだと考えられます。

次に、②舌触りの変化です。食品科学の世界ではテクスチャーと呼ばれており、食感や舌触りはおいしさの重要な一因になっています。ふにゃふにゃのポテトチップス、ざらざらしたプリンなどをおいしくないと思ってしまうのは、テクスチャーが良くないからです。

本書でもジャガイモのデンプンが溶け出て、とろみが増すことが説明されています。私はさらに、この溶け出したデンプンが脂質との複合体を作り、舌触りを良くしている可能性を考えました。

デンプンを加熱すると、糊化（こか）（α化）して水を吸って粘りのある状態になります。たとえば、お米を炊飯すると柔らかくなって粘り気が出てきますが、この時、米の中のデンプンは糊化しています。

デンプンはらせん構造を持つのですが、糊化している状態で脂質と合わさると、デンプンのらせん構造の穴の中に脂質が入り込み、複合体を形成します。

複合体が形成されると、脂質は水の中に溶け込みます。これを乳化と呼び、乳化すると本来交わり合わない水と油が一体化するために、舌触りが良くなります。脂身のある肉をゆでると水面に油が浮かんできますが、これは油が乳化しておらず、水と分離している状態だからです。一方で欧風カレーの表面には、油滴が浮かんでいることは滅多にありません。これは脂質がデンプンと複合体を形成して、乳化して水の中に溶け込んでいるからです。また乳化するとただ舌触りが良くなるだけではなく、油に溶けた肉のうまみがカレーの全体にしっかり溶け込むため、おいしさをより感じやすくなります。

パスタソースを作る時に、パスタのゆで汁を少量ソースの中に入れるのも、ゆで汁に含まれる小麦粉のデンプンで、ソースを乳化させるためです。ひよこ豆を使ったフムスや野菜のポタージュを作る時も、豆や野菜を煮てペースト状にして塩で味をつけたあと、そこに少しの油やバターを加えると、舌触りが良くなります。

ちなみに、インドカレーでも豆がメインのカレーである「ダルカレー」では、乳化の原理を利用しています。油を加えると煮崩れた豆のペーストの口触りが良くなり、さらに油に溶けやすいスパイスが全体に溶け込んでおいしくなります。一方で、インドカレーの中でもシンプルな肉だけのカレーなどを作ると、ジャガイモや小麦粉などを使わないため、デンプンによる乳化が起こらず、表面に油滴が浮かんできます。

カレーを一晩寝かせると、ジャガイモのデンプンがカレーの中に溶け出し、調理後に冷めていく途中の過程や再加熱した際に、肉の脂質と一体化してさらに心地の良いとろみを形成していくと考えられます。

最後に、③具材の調和です。切りたての野菜や、瓶を開けたてのスパイスからは、特徴的な香りがします。これは揮発しやすい物質が最初に飛び出してくるからで、この香りこそが、野菜やスパイスの特徴を担っているとも言えます。しかし複数の野菜やスパイスを合わせて作る料理の場合、それぞれ特徴が出過ぎていると、一つの料理としてまとまりがありません。さらに、揮発性の高い香りは、一番最初こそ香りを強く放ちますが、次第に飛んで香りが薄くなっていきます。

ただし、香りが飛ぶのは悪いことばかりではありません。加熱調理後に一晩置いておけば、揮発しやすい香りはすっかり飛んでしまって、揮発性の低い、似たような化学構造を持った香りだけがカレーに残ります。これによって具材の調和性が増したように感じられると考えられます。

欧風カレーは煮込み料理なので、何か一つの香りを立てることよりも、全体の調和を大切にします。香りの強い魚介やピーマンなどの野菜をカレーの中に入れると、その香りが際立ってしまい、好きな人は好きかもしれませんが、人によっては「ややにおいが気になる」という印象の仕上がりになってしまいます。和食も調和を意識した料理が多いので、強い香りが飛んで調和のとれたカレーは、日本人の嗜好性にも良く合っていると思います。

スパイスも同様で、カレールーにも使われるミックススパイスであるカレー粉は、ひきたてのスパイスではなく、ひいてからしばらくの間寝かせたものです。スパイスを寝かせる工程を「スパイスの熟成」と呼んでいる人もいますが、要するに、強すぎる特徴的な香りを飛ばして、全体的にまとまりのあるスパイスにしているのでしょう。日本ではこの調和を守ったカレー粉が好まれ、よく使われています。

ちなみに、インドでは逆の考え方をします。そもそもインドカレーは、煮込み料理ではなく炒め料理で、1〜2種類の主役の素材とスパイスの香りができるだけ立つようにした、香りを食べる料理です。重視されるのは、調和やコクよりも、フレッシュな肉や野菜、スパイスの強い香りです。だから、スパイスはひきたてのものが好まれ、作りたてのカレーがもっともおいしいと言われます。これは、調理方法や使われる素材、また嗜好性の違い、インドのような常夏(とこなつ)の国では保存が利(き)かず一晩寝かせられないという環境の違いなどにもよると思われます。実際、インドカレーも一晩寝かせるとスパイスの強い特徴的な香りはなくなって、日本人好みの調和性のあるカレーになります。

カレーを一晩寝かせることによって、複数の素材とスパイスの香りがまとまり、日本人好みの調和性のある一つのカレーに仕上がると考えられます。

このように、一晩置いたカレーがおいしくなる理由を考えていると、これまでの食品科学の知識から様々な可能性が思い浮かぶのですが、同時に、「知っている知識」だけからしか物事を考えられていないことにも気付かされます。また、「アミノ酸のうまみ」や「糖の甘味」、「揮発性の高い香り」などというのは、これまでの科学で解明されてきたことですが、これだけがカレーをおいしくする理由とは到底思えません。そこには、まだ解明されていないおいしさの科学が、もっとたくさんあるように感じられてしまいます。

そして、これはカレーに限った話ではありません。すべての料理において、おいしさの科学は、まだ研究の途上にあります。さらに、生きていくうえでより重要な、栄養や健康機能性の科学においても、まだ多くの部分が解明されていないのです。

今の社会や現代科学の発展を見ていると、まるで身近なことはもうすべて解明されたように思えてしまいますが、じつはそうではありません。食品の科学は、最低限必要な栄養素を解明できたくらいにすぎないと言っても過言ではありません。それも、「不足すると健康に問題が発生する」ことから逆転的に見つけられた必須（ひっす）栄養素であり、本当のおいしさを追求する科学や、心身の健康をより良くするための機能性食品などの研究は、依然として発展途上です。そしてこれらの分野でも、今までの経験則を元に研究されていることがほとんどでしょう。

時折「これだけ食べていれば1日に必要な栄養素が取れます！」と謳った食品を見かけ、ゾッとすることがあります。そこで挙げられている栄養素は、これまで人間が解明できた栄養素の集合体にすぎません。そして、解明されていない栄養素はそこには入っていないのです。

本書の中にも出てくるように、私たちが渋み、苦味、雑味と捉えている部分に、本当に必要だった栄養素や健康機能を持った栄養素が含まれていることは、良くあることです。同時に、食の経験則というのは、身体の自然な必要性に沿っていることがほとんどです。

人間が解明し切れていない栄養素を摂取する唯一の手段は、自然の植物、動物を食べることです。そして、どの動物も植物も、もとをたどれば一つの尊い生命です。

感謝の気持ちを忘れることなく、今日もおいしく「いただきます」。

（二〇二一年十二月、スパイス料理研究家）

編集協力／出版プロデュース　野口英明

この作品は二〇一〇年九月家の光協会より刊行された
『一晩置いたカレーはなぜおいしいのか』に加筆、新規
イラストを加えたものである。

角田光代著

よなかの散歩

役に立つ話はないです。だって役に立つことなんて何の役にも立たないもの。共感保証付、小説家カクタさんの生活味わいエッセイ！

角田光代著

今日もごちそうさまでした

苦手だった野菜が、きのこが、青魚が……こんなに美味しい！　読むほどに、次のごはんが待ち遠しくなる絶品食べものエッセイ。

平松洋子著

おいしい日常

おいしいごはんのためならば。小さな工夫から愛用の調味料、各地の美味探求まで、舌が悦ぶ極上の日々を大公開。

平松洋子著

焼き餃子と名画座
―わたしの東京　味歩き―

どじょう鍋、ハイボール、カレー、それと……。あの老舗から町の小さな実力店まで。山の手も下町も笑顔で歩く「読む味散歩」。

池波正太郎著

散歩のとき何か食べたくなって

映画の試写を観終えて銀座の〔資生堂〕に寄り、はじめて洋食を口にした四十年前を憶い出す。今、失われつつある店の味を克明に書留める。

池波正太郎著

池波正太郎の銀座日記〔全〕

週に何度も出かけた街・銀座。そこで出会った味と映画と人びとを芯に、ごく簡潔な記述で、作家の日常と死生観を浮彫りにする。

太田和彦著　**超・居酒屋入門**

はじめての店でも、スッと一人で入り、サッときれいに帰るべし――。達人が語る、大人のための「正しい居酒屋の愉しみ方」。

太田和彦著　**居酒屋百名山**

北海道から沖縄まで、日本全国の居酒屋を訪ねて選りすぐったベスト100。居酒屋探求20余年の集大成となる百名店の百物語。

川上和人著　**鳥類学者 無謀にも恐竜を語る**

『鳥類学者だからって、鳥が好きだと思うなよ。』の著者が、恐竜時代への大航海に船出する。笑えて学べる絶品科学エッセイ！

川上和人著　**鳥類学者だからって、鳥が好きだと思うなよ。**

出張先は、火山にジャングルに無人島。遭遇するのは、巨大ガ、ウツボに吸血カラス。鳥類学者に必要なのは、一に体力、二に頭脳？

北　杜夫著　**どくとるマンボウ航海記**

のどかな笑いをふりまきながら、青い空の下を小さな船に乗って海外旅行に出かけたどくとるマンボウ。独自の観察眼でつづる旅行記。

北　杜夫著　**どくとるマンボウ昆虫記**

虫に関する思い出や伝説や空想を自然の観察を織りまぜて語り、美醜さまざまの虫と人間が同居する地球の豊かさを味わえるエッセイ。

日高敏隆著
春の数えかた
日本エッセイストクラブ賞受賞

生き物はどうやって春を知るのだろう。虫たちは三寒四温を計算して春を待っている。著名な動物行動学者の、発見に充ちたエッセイ。

小松貴著
昆虫学者はやめられない

〝化学兵器〟を搭載したゴミムシ、メスにプレゼントを贈るクモなど驚きに満ちた虫たちの世界を、気鋭の研究者が軽快に描き出す。

福岡伸一著
せいめいのはなし

常に入れ替わりながらバランスをとる生物の「動的平衡」の不思議。内田樹、川上弘美、朝吹真理子、養老孟司との会話が、深部に迫る！

清邦彦編著
女子中学生の小さな大発見

疑問と感動こそが「理科」のはじまり――。現役女子中学生が、身の周りで見つけた「不思議」をぎっしり詰め込んだ、仰天レポート集。

小林快次著
恐竜まみれ
―発掘現場は今日も命がけ―

カムイサウルス――日本初の恐竜全身骨格はこうして発見された。世界で知られる恐竜研究者が描く、情熱と興奮の発掘記。

久保田修著
ひと目で見分ける580種
散歩で出会う花
ポケット図鑑

日々の散歩のお供に。イラストと写真を贅沢に使い、約500種の身近な花をわかりやすく紹介します。心に潤いを与える一冊です。

一晩置いたカレーはなぜおいしいのか

食材と料理のサイエンス

新潮文庫　い - 143 - 1

令和四年二月一日発行
令和四年十一月二十日二刷

著者　稲垣栄洋

発行者　佐藤隆信

発行所　株式会社新潮社

郵便番号　一六二―八七一一
東京都新宿区矢来町七一
電話　編集部(〇三)三二六六―五四四〇
　　　読者係(〇三)三二六六―五一一一
https://www.shinchosha.co.jp

価格はカバーに表示してあります。

乱丁・落丁本は、ご面倒ですが小社読者係宛ご送付ください。送料小社負担にてお取替えいたします。

印刷・三晃印刷株式会社　製本・株式会社植木製本所

ISBN978-4-10-103741-7 C0145